Und schon wieder steht ein lecker-schmecker Essen auf dem Tisch und das auch noch ohne großen Aufwand.

W0338011

Liebe Köchinnen und Köche,

suchen Sie sich aus meinen Rezeptideen für jeden Tag was Feines aus. Sie werden sehen, Sie haben nur noch zufriedene Gesichter am Tisch und es gibt kein Gemecker mehr.

Viele Gerichte sind auch bestens für Vegetarier geeignet. Diese Rezepte sind im Rezeptverzeichnis sowie auf den Fotoseiten mit einem grünen Stern* gekennzeichnet.

Auf den Seiten 3 und 4 sowie auf verschiedenen Foto- und Rezeptseiten finden Sie nützliche Tipps und wichtige Anmerkungen.

Ich wünsche Ihnen wie immer gutes Gelingen und einen guten Appetit!

Viele liebe Grüße
Christine Haas

Impressum:

Autorin und
Herausgeberin: Christine Haas©
Rosenweg 19 · 85134 Stammham
Tel. 08405 913996

e-mail: Haas-Ch@web.de
www.christines-rezepte.de

(6. Auflage)

Druck: Beck – Druckerei und Verlag
94315 Straubing
Tel. 09421 8424-0

Haben Sie Interesse an Neuerscheinungen aus Christines Backstube? Melden Sie sich doch einfach im Online-Shop für den Newsletter an!

www.christines-rezepte.de

Ist bei den Rezepten nichts anderes angegeben, sind die Einstellungen für den TM31 sowie für den TM5 identisch.

Anmerkungen:

Abkürzungen:

↶	Linksstufe	ges.	gesamt
D.	Dose	gestr.	gestrichen
Dampfg.	Dampfgaren (Varom.)	getr.	getrocknet
EL / TL	Ess- / Teelöffel	l	Liter
geh.	gehäuft	Pr.	Prise
gek.	gekocht	TK	tiefgekühlt
gem.	gemahlen/gemischt	*	für Vegetarier

Die Zutaten habe ich in „fetter" Schrift geschrieben, so müssen Sie das Rezept für den **Einkauf der Zutaten** nur überfliegen. Bitte lesen Sie das **gesamte Rezept** durch, bevor Sie mit der Verarbeitung beginnen.

Die Gerichte, die für **Vegetarier** geeignet sind, sind im Rezeptverzeichnis sowie auf den Fotoseiten mit einem **grünen Stern*** gekennzeichnet. Entweder sind sie **ohne Fleisch und Fisch** oder Sie können **beides ersatzlos streichen** bzw. dafür mehr Gemüse verwenden.

Ich verwende das **Mehl Type 405**.

Mit **Dampfgaraufsatz** ist der untere, größere Teil des Aufsatzes gemeint, mit **Einlegeboden** das flache Teil des Aufsatzes. Der **Gareinsatz** ist das Körbchen für Kartoffeln, Reis etc. Halten Sie den **Aufsatz geschlossen**, während Sie die Soße zubereiten, dann bleibt der Inhalt **warm**.

Anmerkungen:

Garen Sie das **Gemüse** je nach gewünschter Bissfestigkeit beliebig lange mit. Sie können das Gemüse auch immer **frei wählen. Tauschen** Sie **Hähnchen-** und **Putenfilet** je nach Geschmack aus.

Es passen bis zu **350 g Reis** in den Gareinsatz. Damit er gleichmäßig gart, muß er **komplett durchnässt** sein. Schalten Sie kurz auf Stufe 5, somit wird der Reis durchspült. Oder rühren Sie mit einem Löffel durch. Ich verwende den **Parboiled Reis mit einer Kochzeit von 14 - 15 Min.** Haben Sie noch etwas **Reis vom Vortag?** Einfach zugeben und mitgaren, er schmeckt wieder wie frisch gekocht.

Zum **Reis kochen** schalte ich auf **Dampfgaren.** Wird der **Aufsatz** nicht benötigt, sprudelt das Wasser etwas über. Deshalb stelle ich den leeren Aufsatz trotzdem darauf.

Haben Sie mittags **wenig Zeit? Bereiten Sie die Zutaten vor:** z.B. Hackbällchen formen und in den Einlegeboden legen, Fleisch oder Gemüse schneiden, Reis in das Garkörbchen wiegen, Gewürze in einem kleinen Becher vorbereiten. Und den TM dann nur noch befüllen, alles aufsetzen und garen. Bereiten Sie, auch während das Essen kocht, die Zutaten für die Soße schon vor und geben sie dann nur noch dazu.

Die Gerichte sind für 4 - 6 Personen, je nach Hunger ☺.

Anmerkungen:

Die **Backzeit** ist nur ein **Richtwert**. Ich backe alle Gerichte auf der **zweiten Schiene von unten** mit **Ober- und Unterhitze. Den Ofen heize ich vor.**

Kochen Sie gerne mit mehr **Wein?** Dann einfach die entsprechende Menge Wasser weniger verwenden.

Anstelle **Gemüsebrühe** können Sie auch **Fleischbrühe** verwenden. Ich nehme die Brühe immer in **Pulverform.**

Lasagne können Sie bereits 24 Std. vor dem Verzehr zubereiten, somit ist sie gut durchgezogen; bis zum Backen (Backzeit bleibt gleich) jedoch in den Kühlschrank stellen. Frieren Sie z.B. die Hälfte roh in einer feuerfesten Form ein und geben sie bei Bedarf gefroren in den vorgeheizten Ofen. Die Lasagne können Sie auch fertig gebacken gut einfrieren.

Pfannkuchen für die Enchiladas (5 Stück; S. 16):
3 Eier, 1 TL Salz, 300 g Milch, 150 g Mehl
im Mixtopf vermischen. 20 Sek. / Stufe 4

In einer Pfanne mit **Butterschmalz** backen.

Tipp für mehrere Pfannkuchen: Fett schmelzen und davon bei jedem Pfannkuchen etwas in die Pfanne geben, dann geht's ein bisschen schneller.

Die **Lieblingssalatsoße** schmeckt auch super zum Wurstsalat: Etwas Soße mit Leberkäse und Emmentaler in Streifen geschnitten vermischen.

Chili con carne

Prima Genuss auf die Schnelle!

Chili ist immer und überall beliebt, lassen Sie es sich schmecken.

Ich stelle gerne das Chiligewürz mit auf den Tisch, somit kann jeder selbst die Schärfe bestimmen.

Chili ist auch bestens für Gäste geeignet. Zu späterer Stunde schmeckt's besonders gut.

1 **Zwiebel** halbiert, 1 **Chilischote** im Mixtopf zerkleinern.	3 Sek. / Stufe 5
400 g gem. Hackfleisch, 20 g Öl zugeben und dünsten.	5 Min. / Dampfg. / ↶ / Stufe 1
500 g passierte Tomaten, 300 g Wasser, 1 geh. EL Paprikapulver edelsüß, 1 TL Chilipulver, 2 TL Salz, 1 TL Gemüsebrühe zugeben und garen.	20 Min. / 100° / ↶ / Rührstufe
1 rote Paprikaschote in Würfeln, **1 D. mexikanisches Gemüse (Mexico-Mix), 1 D. Kidneybohnen**, jeweils abgetropft, zugeben und erwärmen.	15 Min. / 100° / ↶ / Rührstufe
1 D. weiße Bohnen abgetropft zugeben und erwärmen.	2 Min. / 100° / ↶ / Rührstufe

dazu: **Baguette oder Reis**

Chinasuppe

*

So kann ein chinesischer Abend beginnen!

Megalecker und blitzschnell zubereitet. Die Suppe kann auch prima vorbereitet werden.

Verwenden Sie gerne Tischläufer oder Stoffservietten, diese können Sie auf einem Hosenbügel faltenfrei aufbewahren.

400 g Putenschnitzel oder Hähnchenfilet in Würfeln (siehe Anmerkung unten),
25 g Öl im Mixtopf
dünsten. 5 Min. / Dampfg. / ↺ / Stufe 1

**1 l Wasser, 1 TL Zucker,
1 geh. EL Gemüsebrühe,
1¼ TL Salz, 1 TL Chinagewürz,
etwas Pfeffer, 1 TL Sambal Oelek (feurige Würzpaste, z.B. von Bamboo Garden®),
20 g Sojasauce, 10 g weißen Balsamicoessig, 2 Gläser Chinagemüse (Abtropfgewicht 175 g)**
abgetropft zugeben
und kochen. 15 Min. / 100° / ↺ / Stufe 1

Anmerkung: Hähnchenfilet zerfällt beim Kochen etwas, jedoch ist es geschmacklich sehr gut. Ich finde diese Suppe mit Hähnchen sogar noch besser als mit Pute.

Couscous-Hähnchen mit Gemüse

*

Einzigartig im Geschmack und noch dazu so kalorienarm und mal was anderes!

Das Fleisch können Sie auch in einer Pfanne braten und zum Schluss mit dem Gemüse vermischen.

Da werden sogar Männer zu Gemüsefans... manchmal jedenfalls: Auberginen- und Zucchinischeiben leicht salzen, pfeffern, in Paniermehl, vermischt mit Parmesan (2 Teile Parmesan, 1 Teil Paniermehl), wenden und in sehr heißem Öl braten.

600 g Hähnchenfilet in Würfeln mit **2 TL Salz, etwas Pfeffer, 2 EL Sojasauce** vermischen, kurz ziehen lassen und in den Dampfgaraufsatz geben.

350 g Couscous mit **250 g Wasser, 1 TL Kurkuma, 1¼ TL Salz, 1 TL Curry** in einer Schüssel vermischen, kurz quellen lassen, bis das Wasser eingezogen ist und im Einlegeboden verteilen.

2 Zwiebeln halbiert,
200 g Karotten in Stücken,
1 Stück Ingwer (4 cm)
im Mixtopf zerkleinern. 3 Sek. / Stufe 5
50 g Öl zugeben, dünsten. 3 Min. / Dampfg. / Stufe 1
600 g Wasser, 1 TL Salz,
½ TL Pfeffer, 1 EL Gemüsebrühe,
½ TL Paprikapulver rosenscharf,
½ TL Koriander, 150 g Kartoffeln (geschält gewogen),
200 g Paprikaschoten bunt,
jeweils in Würfeln, **150 g getr. Aprikosen** geviertelt zugeben.

Alles aufsetzen
und garen. 20 Min. / Dampfg. / ↶ / Stufe 1

1 Aubergine in Stücken
auf das Fleisch geben
und fertiggaren. 20 Min. / Dampfg. / ↶ / Stufe 1

Das Fleisch mit dem Gemüse vermischen.

Haben Sie noch Reis übrig? Servieren Sie ihn dazu, für alle, die Couscous nicht mögen.

Curryreis mit Hähnchen

*

Da geht bei Tisch die Sonne auf!

Das Fleisch können Sie auch im Aufsatz mitgaren. Angebraten finde ich es jedoch zu diesem Gericht besser. Und es ist auch fleischlos ein Genuss.

Die restliche Garflüssigkeit hebe ich auf und gebe zum Aufwärmen vom Reis etwas davon zu (...wenn noch was übrig bleibt).

Zum Reis kochen schalte ich auf Dampfgaren. Wird der Aufsatz nicht benötigt, sprudelt das Wasser etwas über. Deshalb stelle ich den leeren Aufsatz trotzdem darauf.

600 g Hähnchenfilet in kleinen Würfeln mit **2 EL Sojasauce, 1½ TL Salz, etwas Pfeffer** vermischen, kurz ziehen lassen und zum Schluss in einer Pfanne mit **etwas Öl** scharf anbraten.

1,2 l Wasser, 2 TL Salz,
½ Zwiebel in Stücken in den
Mixtopf geben, **350 g Reis**
in den Gareinsatz wiegen
und kochen.
Den leeren Dampfgaraufsatz bereits aufsetzen, damit der Reis nicht überkocht.
20 Min. / Dampfg. / Stufe 1

300 g Zucchini (ohne Kerne) in Würfeln in den Dampfgaraufsatz legen.

Alles aufsetzen, garen. 5 Min. / Dampfg. / Stufe 1

Reis und Gemüse beiseite stellen, Garflüssigkeit auffangen.

2 Zwiebeln halbiert, **10 getr.,**
in Öl eingelegte Tomaten
(ca. 100 g) zerkleinern. 8 Sek. / Stufe 5
60 g Öl, 2 TL Curry
zugeben und dünsten. 3 Min. / Dampfg. / Stufe 1
Reis, ca. 250 g Garflüssigkeit, **1 gestr. TL Salz, etwas**
Pfeffer, 70 g Cashewkerne
zugeben, vermischen. 20 Sek. / ↺ / Stufe 3 (TM31)
20 Sek. / ↺ / Stufe 4 (TM5)

Je nach Belieben noch Garflüssigkeit unterrühren.

Ebly® mit Feta-Gemüse und Tomatensoße

*

Ein mediterranes Essen ganz fix zubereitet und trotz weniger Kalorien einzigartig im Geschmack, testen Sie es noch heute!

Vegetarier kommen hier auch wieder voll auf ihre Kosten. Möchten Sie nicht auf Fleisch verzichten? Essen Sie kross gebratene Putenschnitzel- oder Hähnchenwürfel dazu.

Danke an Claudia Knitl für dieses Rezept.

1 große Zwiebel halbiert,
1 Knoblauchzehe im
Mixtopf zerkleinern. 3 Sek. / Stufe 5
20 g Öl zugeben
und dünsten. 3 Min. / Dampfg. / Stufe 1
1 l Wasser, 1 EL Gemüse-brühe, 1 EL Pizzagewürz,
½ TL Salz zugeben.
250 g Ebly® in den
Gareinsatz wiegen und garen. 7 Min. / Dampfg. / Stufe 1

Je **½ Paprikaschote rot, gelb und grün** in Streifen, **1 kleine Zucchini** in Scheiben, **1 Zwiebel** in Ringen, **4 kleine Tomaten** geachtelt, **1 Karotte** in Scheiben in den Dampfgaraufsatz geben, mit **1 gestr. TL getr. Basilikum, 1 gestr. TL getr. Oregano** vermischen.

200–250 g Feta zerbröckeln und darauf verteilen.

Alles aufsetzen
und fertiggaren. 15 Min. / Dampfg. / Stufe 1

Aufsatz und Ebly® beiseite stellen.

Soße:
Garflüssigkeit, **50 g Doppelrahm-Frischkäse, 50 g Tomatenmark,**
20 g Ajvar scharf (Paprika-zubereitung) zugeben
und pürieren. 20 Sek. / Stufe 10

Enchiladas / Mexico-Salat

Die sind so gut, die sollte es viel öfter geben!

Am besten sind sie mit ganz viel Käse oben drauf. Sie lassen sich gut vorbereiten (Soße kalt werden lassen), mit Käse jedoch erst kurz vor dem Überbacken bestreuen.

Bei uns gibt es am Tag zuvor Pfannkuchen; aus den restlichen bereite ich dann die „Enschis" zu. Bleiben immer noch welche übrig: Aufrollen, schneiden und als Suppeneinlage verwenden bzw. einfrieren.

Und am nächsten Tag gibt's dann aus den Gemüseresten einen Mexico-Salat (rechts auf dem Foto).

TM5: anstelle Dampfg. alles auf 120° garen.

Enchiladas:

350 g Emmentaler
in Stücken im Mixtopf
zerkleinern und umfüllen. 10 Sek. / Stufe 10

1 große Zwiebel halbiert zerkleinern. 3 Sek. / Stufe 5
30 g Öl zugeben, dünsten. 3 Min. / Dampfg. / Stufe 1
250 g gem. Hackfleisch zugeben und dünsten. 3 Min. / Dampfg. / ↺ / Rührstufe
1 Tomate, je **½ rote und gelbe Paprikaschote**, jeweils in kleinen Würfeln,
½ D. Mais, **½ D. Kidneybohnen**, jeweils gut abgetropft, **30 g Tomatenmark**,
½ TL Cayennepfeffer, **1 TL Paprikapulver edelsüß**, **1¼ TL Salz**, **etwas Pfeffer**
zugeben, dünsten. 5 Min. / Dampfg. / ↺ / Rührstufe

Die Füllung leicht abkühlen lassen, auf **5 Pfannkuchen (Rezept auf S. 5)** verteilen, mit Käse bestreuen, aufrollen und in eine gefettete Auflaufform geben. Dick mit Käse bestreuen und überbacken.

Backzeit: 180°, ca. 40 Min.

Mexico-Salat (rechts vorne auf dem Foto):

1 Zwiebel, je **½ rote, gelbe und grüne Paprikaschote** (die grüne evtl. wegen der Farbe), **150 g gek. Schinken**, jeweils in kleinen Würfeln, **½ D. Mais**, **½ D. Kidneybohnen** mit **¾ TL Salz**, **etwas Pfeffer**, **3 EL Balsamicoessig**, **3 EL Öl** vermischen und ziehen lassen.

Filetspieß mit Pfeffersoße, Pommes und Bohnen

*

Eine feine Idee fürs Filet!

Unbeschreiblich gut, probieren Sie es aus, dann wissen Sie, was ich meine.

Schmeckt auch mit Rinderfilet oder Rindersteak.

Ich verwende grüne, eingelegte Pfefferkörner aus dem Glas.

30 g rohe Schinken- oder Speckwürfel im Mixtopf zerkleinern und umfüllen. 1 - 2 Sek. / Stufe 5

400 g Wasser in den Mixtopf geben, **500 g TK-Bohnen** (sie können gefroren verarbeitet werden) in den Dampfgaraufsatz verteilen und garen.
20 Min. / Dampfg. / Stufe 1

Aufsatz beiseite stellen (im geschlossenen Aufsatz bleiben die Bohnen warm). Zum Schluss den Speck in einer Pfanne braten, etwas **Butter** schmelzen, Bohnen darin schwenken, salzen.

Soße:

30 g Butter schmelzen. 1½ Min. / Dampfg. / Stufe 1

20 g Mehl zugeben und unterrühren. 1 Min. / Dampfg. / Stufe 1

200 g Wasser, 40 g Weißwein, ¾ TL Gemüsebrühe, 100 g Mascarpone, 60 g Sahne, 40 g Schmand, ½-¾ TL Salz zugeben und kochen. 5 Min. / 100° / Stufe 3

20 g grüne Pfefferkörner mit dem Spatel unterrühren.

800 g Schweinefilet in Scheiben **salzen** und **etwas pfeffern**, auf Schaschlikstäbchen stecken und in einer Pfanne mit **Butterschmalz** braten. Das Fleisch herausnehmen, die Soße zugeben und kurz aufkochen.

dazu: **Pommes**

Gemüselasagne

*

Probieren Sie diese Lasagne am besten gleich aus, sie ist hammermäßig gut!

Die Soße schmeckt sehr würzig, fast schon versalzen, aber es passt so.

Sie finden in diesem Buch mehrere Lasagne-Varianten, ich kann gar nicht sagen, welche die Beste ist, ich liebe sie einfach alle.

Aus den restlichen passierten Tomaten koche ich Tomatensuppe mit Nudeln.

400 g Wasser, 2 TL Salz in den Mixtopf geben, **400 g Kartoffeln** (geschält gewogen) in kleinen Würfeln in den Gareinsatz geben, kochen und umfüllen. 20 Min. / Dampfg. / Stufe 1

200 g Karotten in Stücken, **1 Zwiebel** halbiert zerkleinern. 2 Sek. / Stufe 5 (TM31)
3 Sek. / Stufe 5 (TM5)

50 g Butter, 1 gestr. TL Salz, etwas Pfeffer, 300 g Zucchini (ohne Kerne) in Würfeln, **100 g TK-Erbsen** (sie können gefroren verarbeitet werden), **150 g Brokkoli** in kleinen Stücken zugeben, dünsten und umfüllen. 5 Min. / Dampfg. / Stufe 1

Bechamel-Tomatensoße:
150 g Gouda in Stücken zerkleinern. 5 Sek. / Stufe 8
480 g Milch, 40 g Butter, 60 g Mehl, 250 g passierte Tomaten, 3 TL Salz, etwas Muskat, etwas Pfeffer zugeben und erhitzen. 6 Min. / 90° / Stufe 4

Soße, **Lasagneblätter ohne Vorkochen (ges. 200 g)**, Gemüse, Kartoffeln, Soße, Lasagneblätter... in eine gefettete Auflaufform schichten, mit Soße beenden und backen. / Backzeit: 180°, ca. 45 Min.

Geschnetzeltes mit Kartoffeln in Senfsoße

Sehr zartes Fleisch mit gigantischem Geschmack, testen Sie dieses Gericht unbedingt!

Dazu reiche ich gerne Endiviensalat.

Knusperkartoffeln: Kartoffeln hobeln, in einer Pfanne mit Öl braten und leicht salzen.

1 Zwiebel halbiert,
1 Knoblauchzehe im Mixtopf zerkleinern. 3 Sek. / Stufe 5

20 g Öl zugeben
und dünsten. 3 Min. / Dampfg. / Stufe 1

600 g Schweinegeschnetzeltes zugeben
und mitdünsten. 5 Min. / Dampfg. / ↶ / Rührstufe

200 g Milch, 350 g heißes Wasser, 40 g scharfen Senf, 1 TL Gemüsebrühe, 2 TL Salz, $\frac{1}{4}$ TL Pfeffer, $\frac{1}{2}$ TL Curry zugeben.

1 kg Kartoffeln (geschält gewogen) in kleinen Stücken in den Dampfgaraufsatz geben und mit **1 TL Salz** vermischen.

Alles aufsetzen
und garen. 15 Min. / Dampfg. / ↶ / Rührstufe

250 g frische Champignons in Scheiben im Einlegeboden verteilen und mitgaren.

15 Min. / Dampfg. / ↶ / Rührstufe

Aufsatz beiseite stellen.

Zum Fleisch **100 g Sauerrahm, 20 g Mehl (mit etwas Wasser verrührt)** zugeben und
unterrühren. 3 Min. / 100° / ↶ / Rührstufe

Die Soße mit den Champignons in einem Topf vermischen. Mit gehackter **Petersilie** bestreut servieren.

Gulasch

Mein Lieblingsgulasch, einen Berg Nudeln, ganz viel Soße drauf und den Teller leerlöffeln!

Gulasch können Sie gut vorkochen, da es aufgewärmt genauso, wenn nicht noch besser schmeckt.

Auch sehr gut für Gäste geeignet.

Dosieren Sie Cayennepfeffer ganz nach Ihrem Geschmack. Nehmen Sie evtl. nur 1 gestr. bzw. ½ TL, wenn Sie es nicht so scharf mögen.

Servieren Sie auch mal Reis oder Baguette dazu.

3 Zwiebeln halbiert im Mixtopf zerkleinern.	2 - 3 Sek. / Stufe 5
30 g Öl zugeben und dünsten.	3 Min. / Dampfg. / Stufe 1
550 g gem. Gulasch zugeben und dünsten.	5 Min. / Dampfg. / ↺ / Rührstufe
500 g heißes Wasser, 80 g Tomatenmark, 2 leicht geh. TL Salz, 2 geh. TL Paprikapulver edelsüß, etwas Pfeffer, 1 TL Gemüsebrühe, 1 TL Cayennepfeffer zugeben und garen.	45 Min. / 100° / ↺ / Rührstufe
3 Paprikaschoten bunt in Würfeln, **130 g Milch** (oder **50 g Milch und 80 g Sahne)** zugeben und fertiggaren.	30 Min. / 100° / ↺ / Rührstufe

Variante mit Kartoffeln:
Sie können Kartoffeln auch gleich mitkochen: 1 kg Kartoffeln (geschält gewogen) in Würfeln in den Dampfgaraufsatz geben, mit 1 TL Salz vermischen und die letzten 30 Min. mitgaren. Anstelle von 100° auf Dampfgaren schalten.
Bei uns gibt's immer Nudeln dazu, die ich separat in einem Topf koche. Oder Sie servieren z.B. beide Beilagen dazu.

Gulaschsuppe

Jeder Löffel ein Genuss für die ganze Familie!

Diese Suppe könnte ich jeden Tag essen.

Für Gäste: Bereiten Sie die Suppe schon vor und wärmen sie dann nur noch in einem Topf auf.

Bleibt was übrig, einfach einfrieren.

Die Bohnen können Sie auch ersatzlos weglassen.

Lila Flecken im Topf verschwinden ganz schnell, wenn Sie etwas Essigessenz reingeben, kurz stehen lassen und danach mit Wasser spülen.

2 Knoblauchzehen,
2 große Zwiebeln halbiert
im Mixtopf zerkleinern. 3 Sek. / Stufe 5
40 g Öl zugeben
und dünsten. 3 Min. / Dampfg. / Stufe 1
500 g Rindergulasch in
kleinen Würfeln,
50 g Tomatenmark
zugeben und dünsten. 5 Min. / Dampfg. / ↺ / Stufe 1
300 g Tomaten geachtelt,
750 g heißes Wasser, 1 EL Gemüse-
brühe, 2 TL Salz, ½ TL Pfeffer,
2 geh. EL Paprikapulver edel-
süß, ca. 1½ TL Paprika-
pulver rosenscharf
zugeben und kochen. 50 Min. / 100° / ↺ / Stufe 1
350 g Paprikaschoten
bunt in Würfeln, **30 g Mehl**
(mit etwas Wasser verrührt)
zugeben und kochen. 6 Min. / 100° / ↺ / Stufe 1

Die Suppe in einen Topf umfüllen, **1 D. Kidneybohnen** abgetropft zugeben und unterrühren.

dazu: **Bauernbrot** oder **Baguette**

Variante: 250 g Kartoffeln (geschält gewogen) in Würfeln die letzten 18 Min. zu den Tomaten zugeben und mitkochen, dafür nur 20 g Mehl und 1 TL mehr Salz verwenden. Werden Sie 30 Min. mitgekocht, ist die Suppe sehr sämig, jedoch von den Kartoffeln nichts mehr zu sehen, schmeckt aber auch sehr gut.

Gyrosgeschnetzeltes mit Reis in Chantrésoße

Sie kennen dieses Rezept nicht? Dann unbedingt sofort ausprobieren, Sie werden schwärmen! Geheimtipp: Kochen Sie die Menge 2 x (z.B. für Gäste) und überbacken das Ganze mit Käse. Sie werden noch mehr schwärmen!

Chantré Weinbrand: Verwenden Sie für dieses Gericht nur das Original, alles andere schmeckt (mir) nicht. Den Gareinsatz bzw. Dampfgaraufsatz können Sie immer gut als Sieb verwenden (hier für die Champignons den Dampfgaraufsatz).

2 große Zwiebeln halbiert,
2 Knoblauchzehen im
Mixtopf zerkleinern. 3 Sek. / Stufe 5
20 g Öl zugeben, dünsten. 3 Min. / Dampfg. / Stufe 1
**500 g gewürztes Gyrosge-
schnetzeltes** (am besten 1 Tag
durchziehen lassen) zugeben
und mitdünsten. 5 Min. / Dampfg. / ↺ / Rührstufe
**1 l Wasser, 20 g Gemüse-
brühe, 1 gestr. TL Salz** zugeben,
300 g Reis in den Gareinsatz wiegen.

1 Glas Champignons in Scheiben abgetropft, **2 rote Paprikaschoten** in Würfeln in den Dampfgaraufsatz geben, alles aufsetzen und fertiggaren.

35 Min. / Dampfg. / ↺ / Rührstufe

Aufsatz und Reis beiseite stellen.

40 g Chantré Weinbrand im Mess-
becher mit **15 g Speisestärke** ver-
rühren, mit **60 g Tomatenmark,
200 g Schmand, 150 g Wasser**
zum Fleisch geben. 3 Min. / 100° / ↺ / Rührstufe

Das Gemüse und die Soße in einem Topf vermischen.

Wenn Sie keinen Reis dazukochen: Statt 1 l Wasser nur 600 g verwenden, anstelle von 1 nur ½ TL Salz, das Wasser für die Soße (150 g) weglassen und sie dann nur 2 Min. kochen. Mein Favorit dazu sind Nudeln, die ich separat in einem Topf koche.

Hackbällchen italienisch mit Reis und Gemüse

*

Wenn es ruck, zuck was Besonderes sein soll!

Mal wieder eines meiner Favoriten. Auch ohne Hackbällchen spitzenmäßig. Schmeckt auch mit Kroketten. Oder einfach nur die Soße mit Nudeln.

Haben Sie keine Kürbisse, garen Sie Karotten dazu. Kochen Sie auch bei anderen Gerichten Kürbisse mit, sie passen immer gut dazu. Ich friere sie in Würfeln ein und habe somit immer welche vorrätig.

500 g gem. Hackfleisch,
2 TL Salz, ¼ TL Pfeffer,
2 TL Paprikapulver edelsüß
im Mixtopf vermischen. 15 Sek. / ↺ / Stufe 3

20-25 Bällchen formen, im Einlegeboden verteilen und mit **etwas Paprikapulver edelsüß bzw. rosenscharf** bestreuen.

6 getr., in Öl eingelegte
Tomaten (ca. 60 g) zer-
kleinern und umfüllen. 5 Sek. / Stufe 5
1 Zwiebel halbiert
zerkleinern. 3 Sek. / Stufe 5
1 l Wasser, 1 TL Gemüsebrühe,
1 TL Salz zugeben, **250 g Reis**
in den Gareinsatz wiegen.
Alles aufsetzen, garen. 10 Min. / Dampfg. / Stufe 1

1 Zwiebel geviertelt, **1 rote und gelbe Paprikaschote, 200 g Kürbisfleisch (Hokkaido)**, jeweils in Würfeln, im Dampfgaraufsatz verteilen und garen.

20 Min. / Dampfg. / Stufe 1

Aufsatz und Reis beiseite stellen.

Soße:
Garflüssigkeit, die zerkleinerten
Tomaten, **300 g Sahne, ½ TL Curry,**
½ TL Zucker, ½ TL Salz,
100 g Sahnestreichkäse (Schmelzkäse), 15 g Speisestärke
zugeben und aufkochen. 4 Min. / 100° / Stufe 2

Hack-Fetabällchen mit Zucchini und Tomatensoße

*

Mit würzigen Hackfleischbällchen ein ganz besonderes Geschmackserlebnis!

Die Hackbällchen können Sie sehr gut vorbereiten.

Bei den meisten Gerichten gebe ich zum Gemüse eine Zwiebel geviertelt mit in den Aufsatz, sie schmeckt immer total gut dazu.

Tipp: Bestreuen Sie die Zucchini mit zerbröseltem Feta (links vorne auf dem Foto).

Hackbällchen (Rezept von Seite 31): In die Mitte einen Würfel **Feta (ges. 150 g)** geben und im Einlegeboden verteilen.

900 g Wasser (TM31), 1,1 l Wasser (TM5),
1 EL Gemüsebrühe in den Mixtopf geben,
250 g Reis in den Gareinsatz wiegen.
Alles aufsetzen, garen. 25 Min. / Dampfg. / Stufe 1

500 g Zucchini in Scheiben (siehe Tipp links),
200 g Tomaten geviertelt oder
geachtelt in den Dampfgaraufsatz
geben und weitergaren. 5 Min. / Dampfg. / Stufe 1

Aufsatz und Reis beiseite stellen, die Garflüssigkeit auffangen; am besten in einen Topf gießen, der für die Soße bestimmt ist, somit ist dieser gleich vorgewärmt.

Soße:
1 Zwiebel halbiert, **1 Knoblauchzehe** zerkleinern. 3 Sek. / Stufe 5
20 g Öl zugeben, dünsten. 2 Min. / Dampfg. / Stufe 1
20 g Mehl zugeben
und anschwitzen. 2 Min. / 100° / Stufe 2
Gegarte Tomaten zugeben und zerkleinern. 10 Sek. / Stufe 5
Komplette Garflüssigkeit (TM31),
250 g Garflüssigkeit (TM5),
60 g Tomatenmark, 100 g Sahne,
1 TL Zucker, ¼-½ TL Paprikapulver rosenscharf, ca. ¾ TL Salz,
etwas Pfeffer erhitzen. 3 Min. / 100° / Stufe 2

Hackfleisch-Käse-Nester

Für dieses Gericht wird Ihre Familie Sie lieben, das ist Hackfleisch der besonderen Art!

Wenn die Nester im Ofen sind, gleich den Kartoffelbrei zubereiten, dann klappt's, dass beides zusammen fertig wird.

Sie schmecken auch kalt sehr gut. Formen Sie z.B. für ein Buffet ganz kleine Nester.

Der Teig eignet sich hervorragend für Fleischpflanzerl in der Pfanne.

100 g Gouda in Stücken im Mixtopf zerkleinern und umfüllen. — 5 Sek. / Stufe 8

1 Zwiebel halbiert zerkleinern. — 3 Sek. / Stufe 5

500 g gem. Hackfleisch, 2 TL Salz, ¼ TL Pfeffer, 1 TL Paprikapulver edelsüß, ¾ TL Paprikapulver rosenscharf, ½ TL getr. Basilikum, 1 altbackene Semmel (in Wasser eingeweicht und gut ausgedrückt), den Gouda zugeben und vermischen. — 30 Sek. / ↺ / Stufe 3

1 Tomate in Würfel schneiden und leicht salzen.

Aus dem Teig 8 Nester (à 100 g) formen, auf ein mit **Backpapier** belegtes Blech setzen, mit den Tomatenwürfeln füllen und vorbacken.

Backzeit: 200°, 20 Min.

Die Nester mit **150 g Gouda in Scheiben** und einer Tomatenscheibe **(ges. 1 Tomate)** belegen, Tomate leicht salzen und bei gleicher Temperatur nochmals ca. 10 Min. backen.

Die Nester mit **etwas getr. Basilikum** bestreuen und mit **frischen Basilikumblättern** garnieren.

dazu: **Kartoffelbrei (S. 38/39)** und **Feldsalat**

Hähnchen Hawaii

*

Am Genuss wird nicht gespart!

Das Fleisch können Sie auch ohne vorheriges Anbraten in den Aufsatz geben. Verwenden Sie evtl. nur ½ Dose Ananasstücke.

Garen Sie das Gemüse bei jedem Gericht nach gewünschter Bissfestigkeit beliebig lange mit. Je nach Geschmack mit Brühe, Grillgewürz, Salz und Pfeffer oder Paprikapulver würzen und mit Käse (z.B. Gouda, Emmentaler, Mozzarella) bestreuen.

600 g Hähnchenfilet mit **2 TL Salz, etwas Pfeffer** und **1 TL Paprikapulver edelsüß** würzen, in einer Pfanne mit **etwas Öl** scharf anbraten (es muss nicht durchgebraten sein) und in den Einlegeboden geben.

1 l Wasser, 2 EL Gemüsebrühe in den Mixtopf geben, **250 g Reis** in den Gareinsatz wiegen.

Alles aufsetzen
und garen. 20 Min. / Dampfg. / Stufe 1

1 rote Paprikaschote in Würfeln in den Dampfgaraufsatz legen und garen.

5 Min. / Dampfg. / Stufe 1

200 g Zucchini (ohne Kerne) in Scheiben zur Paprika geben und fertiggaren.

5 Min. / Dampfg. / Stufe 1

Aufsatz und Reis beiseite stellen.

1 D. Ananasstücke (Abtropfgewicht 340 g) abtropfen lassen, Saft dabei auffangen.

Soße:
Garflüssigkeit, **Ananassaft,**
120 g Scheiblettenkäse
(5 Scheiben, beliebige
Geschmacksrichtung),
40 g Mehl vermischen. 5 Sek. / Stufe 5
Ananasstücke zugeben
und erwärmen. 3 Min. / 100° / ⟲ / Stufe 1

Hähnchen überbacken mit Kürbis-Kartoffelbrei

Sehr zartes Fleisch in feiner Hülle und traumhaftem Belag, auch eines meiner Top-Favoriten!

Die Fleischmenge/Marinade können Sie beliebig erhöhen. Am besten dann in zwei Auflaufformen garen. Statt Gouda z.B. Emmentaler verwenden.

Für einen **Kartoffelbrei** (vorne auf dem Foto) anstelle der Kürbisse 200 g Kartoffeln mehr verwenden.

Hähnchenmarinade:
3 Eier, 10 g Mehl, 20 g Milch,
etwas Pfeffer, 2½ TL Salz
im Mixtopf vermischen. 10 Sek. / Stufe 5

5-6 Hähnchenfilets (ca. 1 kg) für 3 Stunden in der Soße marinieren. Von beiden Seiten goldbraun in **Öl** anbraten. In eine gefettete Auflaufform legen und mit **Mayonnaise (je Filet 1 TL)** bestreichen. Mit **Tomatenscheiben (ges. 2 Tomaten)** belegen, leicht salzen, mit **ca. 100 g Gouda in Scheiben** belegen und überbacken.

Backzeit: 180° (Umluft), ca. 25 - 30 Min.

Kürbis-Kartoffelbrei (links auf dem Foto):
500 g Wasser, 2 TL Salz
in den Mixtopf geben,
600 g mehligkochende Kartoffeln (geschält gewogen),
200 g Kürbisfleisch (Hokkaido),
jeweils in Stücken, in den Gareinsatz geben und garen. 25 Min. / Dampfg. / Stufe 1

Gareinsatz beiseite stellen und den Mixtopf leeren.

30 g Butter, 250 g Milch,
1¾ TL Salz erhitzen. 2 Min. / 70° / Stufe 1
Kartoffeln, Kürbisse, **etwas Muskat** unterrühren. 20 Sek. / Stufe 4

Mit gehackter **Petersilie** bestreuen.

Servieren Sie dazu einen **gemischten Salat**.

Hähnchengeschnetzeltes mit Currysoße

*

Gigantisch! Verwöhnen Sie Ihre Liebsten.

Zu zartem Hähnchen in aromatischer Soße gibt's Kartoffeln und Reis. Kochen Sie öfter mal beide Beilagen zusammen (Wassermenge beachten!), somit ist die Auswahl größer und es gibt (hoffentlich) kein Gemecker am Tisch.

Hier und auch bei vielen anderen Gerichten schmecken Kohlrabi ganz gut dazu. Geben Sie die Stückchen die letzten 15 Min. dazu.

1 l **Wasser, 2 EL Gemüsebrühe** in den Mixtopf geben, **250 g Reis und 250 g Kartoffeln** (geschält gewogen) in Stücken in den Gareinsatz geben.

500 g Blumenkohl (mit Strunk gewogen) in Röschen im Dampfgaraufsatz verteilen. (Gibt es keinen frischen, verwende ich ca. 400 g gefrorenen; die Garzeit bleibt gleich.)

600 g Hähnchenfilet in Würfeln mit **50 g Sojasauce, 1 TL Curry, 1 TL Paprikapulver edelsüß, ¼ TL Paprikapulver rosenscharf, etwas Pfeffer, 2 TL Salz** vermischen und in den Einlegeboden geben.

Alles aufsetzen
und garen. 30 Min. / Dampfg. / Stufe 1

Aufsatz und Reis/Kartoffeln beiseite stellen.

Soße:
Garflüssigkeit, **100 g Sahne,**
1 TL Curry, 40 g Mehl,
knapp ¼ TL Salz
erwärmen. 3 Min. / 100° / Stufe 4

Ist die Soße zu dünn, einfach noch etwas Mehl zugeben und aufkochen.

Die Soße mit dem Fleisch in einem Topf vermischen.

Servieren Sie dazu einen **Feldsalat**.

Hähnchen-Kokos-Geschnetzeltes mit Reis

*

Alles gart in einem Topf und ist so in kurzer Zeit fertig und wartet nur noch auf alle Hungrigen!

Schmeckt auch mit Pute bzw. mit gefrorenem Brokkoli (er braucht gefroren die gleiche Zeit).

Bleibt Kokosmilch übrig, einfach einfrieren und für das nächste Mal verwenden.

Heben Sie die Garflüssigkeit auf. Wenn Sie die Soße später nochmals aufwärmen, geben Sie davon etwas dazu.

400 g Hähnchenfilet in Würfeln mit **2 EL Sojasauce** und **1 geh. TL Salz** vermischen, kurz ziehen lassen. Mit **1 roten** und **gelben Paprikaschote** in Würfeln im Einlegeboden verteilen.

1 Zwiebel halbiert
im Mixtopf zerkleinern. 3 Sek. / Stufe 5
20 g Öl zugeben
und dünsten. 3 Min. / Dampfg. / Stufe 1

900 g Wasser (TM31), 1,1 l Wasser (TM5), 1 EL Gemüsebrühe zugeben, **300 g Reis** in den Gareinsatz wiegen.

Alles aufsetzen und
garen. 15 Min. / Dampfg. / Stufe 1

500 g Brokkoli (mit Strunk
gewogen) in Röschen
in den Dampfgaraufsatz
geben und fertiggaren. 10 Min. / Dampfg. / Stufe 1

Aufsatz und Reis beiseite stellen.

Soße:
300 g Garflüssigkeit, **20 g Sojasauce, 100 g Orangensaft,
200 g Kokosmilch, 70 g Chilisoße (Grillsoße), 1 TL Salz,
¼ TL Pfeffer, 1 geh. TL Curry,
40 g Mehl** erhitzen. 4 Min. / 100° / Stufe 3

Das Fleisch mit der Soße und den Paprikawürfeln in einem Topf vermischen.

Hähnchen-Mango-Reis

*

Greifen Sie gleich zu!

Das Fleisch würze ich und brate es vorher in der Pfanne sehr scharf an. Es schmeckt auch mit Putenfleisch sehr, sehr lecker.

Probieren Sie anstelle von Mangos auch Ananas.

Vielen Dank an Ingrid Bergmann für dieses schmackhafte und schnell zubereitete Rezept.

100 g Karotten, 100 g Lauch,
jeweils in Stücken,
1 Zwiebel halbiert
im Mixtopf zerkleinern. 3 Sek. / Stufe 5
30 g Öl zugeben
und dünsten. 3 Min. / Dampfg. / Stufe 1
600 g Wasser, 140 g Reis,
1 EL Hühnerbrühe,
10 g Zitronensaft,
1 TL Curry, 1 TL Salz,
$\frac{1}{4}$ TL Pfeffer,
10 g Sojasauce
zugeben und kochen. 12 Min. / 100° / ↺ / Stufe 1
400 g Hähnchenfilet
in Würfeln (siehe Tipp links),
gewürzt mit **1 TL Salz,**
etwas Pfeffer zugeben
und weitergaren. 8 Min. / 100° / ↺ / Rührstufe
100 g frische Champignons
in Scheiben, **1 D. Mangos**
(Abtropfgewicht 250 g) oder
frische Mangos in Würfeln
zugeben und erhitzen. 5 Min. / 100° / ↺ / Rührstufe

Kalbsgeschnetzeltes

Gut zu essen ist ein Stück Lebensqualität!

Dieses Essen ist zwar nicht gerade preiswert, aber auf alle Fälle lohnenswert. In würziger Soße geschmort, schmeckt das Fleisch besonders zart und saftig.

Topfpflanzen bleiben von Schädlingen verschont, wenn Sie eine Knoblauchzehe in die Erde stecken.

1 große Zwiebel halbiert, **100 g Karotten, 50 g Knollensellerie,** jeweils in Stücken, **1 kleine Chilischote** im Mixtopf zerkleinern.	5 Sek. / Stufe 5
60 g Öl zugeben und dünsten.	5 Min. / Dampfg. / Stufe 1
600 g Kalbsgeschnetzeltes mit **2 EL Mehl** vermischt zugeben und dünsten.	6 Min. / Dampfg. / ↺ / Rührstufe
50 g Weißwein, 400 g heißes Wasser, 1 TL Gemüsebrühe zugeben und garen.	4 Min. / Dampfg. / ↺ / Rührstufe
250 g passierte Tomaten, 2½ TL Salz, etwas Pfeffer zugeben und weitergaren.	25 Min. / 100° / ↺ / Rührstufe
300 g TK-Erbsen (sie können gefroren verarbeitet werden) zugeben und garen.	15 Min. / 100° / ↺ / Rührstufe
40 g Mehl (mit etwas Wasser verrührt) zugeben und aufkochen.	2 Min. / 100° / ↺ / Rührstufe

dazu: **Tagliatelle (Bandnudeln)**

Kartoffelauflauf mit Speck

*

Diesen Auflauf könnte es ruhig öfter geben, einfach ausprobieren, Sie werden es nicht bereuen!

Die Knolle steckt voller Powerstoffe; kombiniert mit Bechamelsoße, Speck und Käse ein Gedicht.

Vegetarier lassen den Speck weg.

Wir mögen's gerne käsig; nehmen Sie die Menge nach Ihrem Geschmack.

Servieren Sie dazu einen Salat.

Diese niedlichen bunten Salzstreuer gibt's von WMF.

100-150 g Gouda in
Stücken im Mixtopf zer-
kleinern und umfüllen. 8 Sek. / Stufe 10

**500 g Wasser, 2 EL Gemüse-
brühe** in den Mixtopf geben,
750 g festkochende Kartoffeln
(geschält gewogen) in
Scheiben in den Gareinsatz
geben und kochen. 25 Min. / Dampfg. / Stufe 1

Kartoffeln in eine gefettete Auflaufform geben.

1 große Zwiebel halbiert
zerkleinern. 3 - 5 Sek. / Stufe 5

In einer Pfanne mit **etwas Öl** anbraten. **150 g rohe Schinken- oder Speckwürfel** zugeben und kross braten.

Bechamelsoße:
**450 g Milch, 30 g Butter,
30 g Mehl, $\frac{1}{4}$ TL Pfeffer,
$\frac{1}{2}$ TL Salz, etwas Muskat,
$\frac{1}{2}$ TL Paprikapulver edelsüß**
in den Mixtopf geben und
erwärmen. 6 Min. / 90° / Stufe 4
Die Zwiebel-Speck-
Mischung unterrühren. 5 Sek. / ↺ / Stufe 2

Die Soße über die Kartoffeln gießen und vorsichtig vermischen, mit dem Käse bestreuen und backen.

Backzeit: 180°, ca. 35 Min.

Kartoffel-Karotten-Suppe mit Cabanossi

*

Schnell fertig, sättigend und einfach nur „guad", ich finde, das ist die beste Suppe überhaupt!

Generell bin ich ja nicht so der Gemüsesuppenfan, aber hier greife ich gerne zu. Vegetarier kochen sie ohne Cabanossi.

Salamichips schmecken gut zu Kartoffelsuppe ohne Cabanossi oder auch einfach so: Dünne Scheiben in einer Pfanne ohne Fett knusprig braten (auf dem Foto hinten: Pfeffersalami).

1 große Zwiebel halbiert,
250 g mehligkochende Kartoffeln
(geschält gewogen), **100 g Karotten,**
jeweils in Stücken, im Mix-
topf zerkleinern. 3 Sek. / Stufe 5
50 g Butterschmalz
(oder Butter) zugeben
und dünsten. 3 Min. / Dampfg. / Stufe 1
1 l Wasser, 1 TL Gemüsebrühe,
2 TL Salz, etwas Pfeffer zu-
geben, Gareinsatz einhängen,
250 g mehligkochende Kartoffeln
(geschält gewogen) in kleinen
Würfeln, **100 g Karotten** in
Scheiben, **150 g Cabanossi**
in Stücken zugeben
und kochen. 20 - 22 Min. / 100° / Stufe 1

Die Garzeit liegt an der Sorte der Kartoffeln bzw. an der Größe der Würfel.

Den Gareinsatz heraus-
nehmen, **30 g Mehl** zu-
geben und pürieren, 20 Sek. / Stufe 8
anschließend aufkochen. 2 Min. / 100° / Stufe 2

Den Inhalt vom Einsatz mit der Suppe in einem Topf vermischen.

Mit gehackter **Petersilie** servieren.

dazu: **Toastbrotwürfel** (In einer Pfanne mit **etwas Butter** rösten.)

Kartoffelsalat

*

Schnell gemacht!

Ein Klassiker, der immer und allen schmeckt und noch dazu ganz ohne lästiges Kartoffelschneiden. Lauwarm esse ich den Salat am liebsten. Ich finde ihn so gut, dass ich ihn meistens pur esse.

Anstelle von Schnittlauch knusprig gebratene Speckwürfel über den Salat geben.

Der Garsud von Kartoffeln enthält viele Mineralstoffe, die Pflanzen gut gebrauchen können. Also auf keinen Fall wegschütten, sondern erkalten lassen und die Blumen damit gießen.

600 g Wasser in den Mixtopf
gießen, **1,2 kg Kartoffeln**
(geschält gewogen) geviertelt
in den Gareinsatz, Rest in kleinen
Stücken in den Dampfgaraufsatz
geben und kochen. 30 Min. / Dampfg. / Stufe 1

Kartoffeln je nach Geschmack etwas bzw. ganz abkühlen lassen. (Solange sie noch warm sind, nehmen Sie das Dressing besser auf.)

1 große Zwiebel halbiert
im Mixtopf zerkleinern. 3 Sek. / Stufe 5
250 g Wasser, 1 EL Gemüsebrühe zugeben, erwärmen. 3 Min. / 50° / Stufe 1
$1\frac{1}{2}$ TL Salz, etwas Pfeffer, etwas Muskat, 50 g weißen Balsamicoessig, 50 g Öl, Kartoffeln
zugeben und untermischen. ca. 1 - 2 Sek. / Stufe 5

Achtung: Nur ganz kurz mixen!

Mit **Schnittlauch** bestreuen.

Hier die **„Stammhamer Variante"** (Foto links): Geschnittenen Endiviensalat (Menge nach Belieben) untermischen, entweder ein paar Sek. / ↺ / Stufe 3 oder nur mit dem Spatel unterrühren, er soll schön pampig werden. Je wärmer die Kartoffeln, desto pampiger wird auch der Salat.

Das Original gab's immer ohne Zwiebeln von meiner Oma Mudl und meiner Tante Gitta, natürlich von Hand gemacht.

Käseschnitzel mit Tomaten-Butterspätzle

*

Vorsicht, denn es besteht mal wieder erhöhte Suchtgefahr! Schon wieder eines meiner Top-Favoriten, probieren Sie es unbedingt aus. Es ist nicht gerade kalorienarm, aber total gut.

Für Gäste die Menge einfach beliebig erhöhen.

Schmeckt auch mit Nudeln oder Reis. Weitere Rezepte für Spätzle finden Sie auf Seite 57. Ich mische auch gerne beide Varianten, das sieht farblich wunderbar aus.

600 g Putenschnitzel halbieren, mit **2 gestr. TL Salz** und **etwas Pfeffer** würzen. In einer Pfanne mit **etwas Öl** scharf anbraten (sie müssen nicht durchgebraten sein) und in eine gefettete Auflaufform legen. **2 kleine Tomaten** in Scheiben darauf verteilen, leicht salzen, mit **½ TL getr. Basilikum** und **3 EL Röstzwiebeln** bestreuen. Mit **150 g Gouda in Scheiben** belegen.

Soße:
100 g Wasser, 200 g Milch, 400 g Sahne,
30 g Röstzwiebeln, ½ TL Gemüsebrühe,
½ TL Salz, ½ TL Paprikapulver
rosenscharf, 20 g Mehl

im Mixtopf verrühren,	3 Sek. / Stufe 3
anschließend erhitzen.	4 Min. / 100° / Stufe 1

Die Soße über die Schnitzel gießen und überbacken.

Backzeit: 200°, ca. 30 Min.

Tomaten-Butterspätzle:
40 g <u>weiche</u> Butter, 500 g Mehl,
30 g Tomatenmark, 5 Eier,
150 g Milch, 10 g Öl, 1½ TL Salz,
1¼ TL Paprikapulver edelsüß,
½ TL Cayennepfeffer

im Mixtopf verarbeiten.	2 Min. / Knetstufe

Der Teig soll zähfließend vom Spatel reißen.

Durch ein Spätzlesieb in kochendes Salzwasser drücken und ziehen lassen, danach abschöpfen.

Käsespätzle

*

Zum Wegfuttern, eines meiner Leibgerichte!

Sind noch Spätzle übrig, gibt's bei uns meistens Käsespätzle. Ohne viel Aufwand lässt sich immer wieder eine Portion frisch zubereiten.

Geben Sie etwas Salz zum Öl in die Pfanne, dann spritzt es beim Braten nicht.

Beschichtete Pfannen sind meist teuer und Kratzer daher besonders ärgerlich. Legen Sie deshalb in jede Pfanne einen Pappteller und stapeln diese auf-einander.

250 g Emmentaler in Stücken im Mixtopf zerkleinern und umfüllen. 8 Sek. / Stufe 8

Spätzleteig:
430 g Spätzlemehl,
70 g Hartweizengrieß,
5 Eier, 1½ TL Salz,
150 g Mineralwasser
im Mixtopf verarbeiten. 2 Min. / Knetstufe

oder:
500 g Mehl, 5 Eier,
1½ TL Salz, 75 g Mineralwasser, 75 g Wasser,
15 g Öl im Mixtopf verarbeiten. 2 Min. / Knetstufe

Der Teig soll zähfließend vom Spatel reißen. Durch ein Spätzlesieb in kochendes Salzwasser drücken und ziehen lassen, danach abschöpfen. (Den Teig lasse ich nicht quellen.)

500 g Zwiebeln hobeln, in einer Pfanne mit **etwas Öl** anbraten. Spätzle (siehe Tipp unten) und den Käse zugeben, alles untermischen, **salzen** und **pfeffern.**

Sofort servieren. Dazu: **Eisberg- oder Kopfsalat**

Ein Rezept für Tomaten-Butterspätzle finden Sie auf Seite 55. Mischen Sie doch auch mal beide.

Tipp: Geben Sie 100 g flüssige Sahne dazu, etwas einkochen lassen und danach den Käse unterrühren.

Knoblauch-Tomaten-Spaghetti

*

Nudeln schmecken immer und machen glücklich!

In unserem Urlaub auf Gran Canaria lernten wir einen spanischen Winzer kennen, der gleich so freundlich war und mir bestes Olivenöl (siehe Foto) und vorzügliche Weine mit der Post nach Hause geschickt hat.

Seine Homepage: www.franciscodelafuente.com

Die Spaghetti sind natürlich mit diesem Öl gekocht und einfach nur ein Traum.

100 g Parmesan in Stücken
im Mixtopf zerkleinern
und umfüllen. 8 Sek. / Stufe 10

4 Knoblauchzehen,
evtl. 1 kleine Chilischote
zerkleinern. 5 Sek. / Stufe 8
50 g Olivenöl zugeben
und dünsten. 5 Min. / Dampfg. / Stufe 1
850 g Wasser, 1 TL Salz
zugeben und kochen. 8 Min. / 100° / Stufe 1
400 g Barilla Spaghetti n.5
durch die Deckelöffnung
zugeben und kochen
(siehe Anmerkung unten). 14 Min. / 100° / ↺ / Rührstufe
25 große Blätter Basilikum
in Streifen geschnitten,
250 g Cocktailtomaten
geviertelt zugeben
und erwärmen. 2 Min. / 100° / ↺ / Rührstufe

Die Spaghetti in eine Schüssel geben und alles nochmals vermischen. Sofort servieren. Parmesan dazu reichen.

Anmerkung: Die Spaghetti mit den Fingern bzw. dem Spatel während des Kochens am Anfang nach unten drücken, bis alle im Topf sind (dauert ca. 2 Min.) oder die Nudeln in der Mitte 1 x durchbrechen. Die Pastasorte können Sie beliebig wählen. Jedoch die Garzeit und die Wassermenge evtl. abändern.

Kürbis mit Hackfleischfüllung

Bereiten Sie aus dieser Masse auch mal Fleischpflanzerl zu: In einer Pfanne braten und zum Schluss mit Käse bestreuen.

Aus **1½ kleinen Hokkaido-Kürbishälften** (je Kürbis ca. 600 g) die Kerne mit einem Löffel ausschaben. Die Hälften etwas salzen und in den Dampfgaraufsatz geben.

100 g Emmentaler in Stücken
im Mixtopf zerkleinern
und umfüllen. 10 Sek. / Stufe 8

1 Zwiebel halbiert, **1 Knoblauchzehe** zerkleinern. — 3 Sek. / Stufe 5

30 g Butter zugeben und dünsten. — 3 Min. / Dampfg. / Stufe 1

250 g gem. Hackfleisch, 1 Ei, 1 geh. TL Paprikapulver edelsüß, etwas Muskat, 1 gestr. TL Salz, etwas Pfeffer, 10 g Paniermehl, 40 g vom geriebenen Käse zugeben und untermischen. — 15 Sek. / ↶ / Stufe 3

In die Kürbisse füllen und mit dem Käse bestreuen.

1 Zwiebel halbiert zerkleinern. — 3 Sek. / Stufe 5

1 l Wasser (TM31), 1,2 l Wasser (TM5), 1½ EL Gemüsebrühe zugeben, den leeren Gareinsatz einhängen.

Alles aufsetzen und garen. — 10 Min. / Dampfg. / Stufe 1

200 g Naturreis in den Gareinsatz wiegen, fertiggaren. — 40 Min. / Dampfg. / Stufe 1

Soße:

Komplette Garflüssigkeit (TM31), 250 g Garflüssigkeit (TM5), **50 g Wasser, 200 g Sahne, ½ TL Zucker, ¾ TL Salz, etwas Pfeffer, 70 g Sahnestreichkäse (Schmelzkäse), 3 geh. TL Speisestärke** zugeben und aufkochen. — 4 Min. / 100° / Stufe 2

Kürbis-Kartoffel-Topf mit Wiener

*

Einfach nur zum Reinsetzen!

Kürbisse sind ein Muss in der Herbstküche sowie auch dieses Gericht; finde ich zumindest. Mein Papa hat gemeint: Die Wiener schmecken schon gut, aber den Rest könnte man weglassen.

Legen Sie geschälte Kartoffeln in kaltes Wasser, wenn Sie sie erst später weiterverarbeiten, dann werden sie nicht braun.

200 g Lauch in Stücken im Mixtopf zerkleinern.	ca. 2 Sek. / Stufe 5 (TM31) ca. 3 Sek. / Stufe 6 (TM5)
30 g Butter zugeben und dünsten.	3 Min. / Dampfg. / Stufe 1
650 g Kürbisfleisch (Hokkaido), 400 g mehligkochende Kartoffeln (geschält gewogen), jeweils in Würfeln, **300 g Milch, 200 g Wasser, 3 TL Salz, etwas Pfeffer** zugeben und kochen.	14 Min. / 100° / ↺ / Rührstufe

Achtung, dass es die letzten paar Min. nicht überkocht, ansonsten bereits auf 90° schalten.

Anschließend weitergaren.	6 Min. / 90° / ↺ / Rührstufe
5 Wiener in Scheiben zugeben und fertiggaren.	3 Min. / 90° / ↺ / Rührstufe

Auch fleischlos ein Genuss. Ich bereite dieses Gericht ganz oft ohne Wiener zu, dann einfach zum Schluss anstelle von 6 Min. gleich auf 9 Min. schalten.

Bei mir gibt's immer mehligkochende Kartoffeln, die finde ich am allerbesten, vor allem wenn's dann schön pampig wird.

Kürbis-Soße mit Spaghetti

*

Schon wieder so ein Lecker-Schmecker-Kürbis-Gericht; auch eines meiner absoluten Lieblinge!

Schade, dass es Kürbisse nicht das ganze Jahr gibt. Aber man kann sie ja in Würfeln einfrieren.

Für Käseliebhaber: Reichen Sie frisch geriebenen Parmesan dazu. (Bevor Sie die Soße zubereiten, im TM zerkleinern.)

Pur oder als Beilage genießen: Kürbisse brate ich auch gerne in der Pfanne an. Dafür in dünne Spalten schneiden und in etwas Öl gut braten, leicht salzen, fertig.

Je nach Belieben etwas **Parmesan** zum Bestreuen zerkleinern.

1 Zwiebel, 2 Knoblauchzehen im Mixtopf zerkleinern. — 3 Sek. / Stufe 5

300 g Kürbisfleisch (Hokkaido) in Würfeln, **60 g Butter** zugeben und dünsten. — 5 Min. / Dampfg. / ↶ / Rührstufe

200 g Sahne, 50 g Milch, 200 g Doppelrahm-Frischkäse, 30 g Wasser, ¾ TL Gemüsebrühe, 1 gestr. EL getr. Petersilie, ca. 1¼ TL Salz, etwas Pfeffer zugeben und kochen. — 8 Min. / 100° / ↶ / Rührstufe

Verwenden Sie gefrorene Kürbiswürfel, beträgt die Garzeit ca. 10 - 13 Min. statt 8 Min. (je nach Größe der Würfel).

Je nach Belieben evtl. noch etwas Wasser zugeben.

dazu: **Spaghetti**

Kürbissuppe

*

Ganz viel Geschmack und nur ganz wenige Kalorien!

Hervorragend mit gerösteten Brotwürfeln. Ich steche sie mit dem Apfelausstecher aus einem Toastbrot aus und röste sie in Butter an.

Füllen Sie die Suppe ganz heiß in Gläser und verschließen diese sofort; somit sind sie haltbar. Für den schnellen Hunger zwischendurch sind Sie dann bestens gerüstet.

Die Gläser verschenke ich auch gerne. Gerade ältere Menschen lieben Suppen und sind vielleicht froh, wenn sie nicht selbst kochen müssen.

2 Knoblauchzehen,	
1 große Zwiebel halbiert	
im Mixtopf zerkleinern.	3 Sek. / Stufe 5
30 g Butter zugeben	
und dünsten.	3 Min. / Dampfg. / Stufe 1
600 g Kürbisfleisch (Hokkaido),	
50 g Kartoffeln (geschält gewogen),	
jeweils in Stücken, zugeben	
und zerkleinern.	5 Sek. / Stufe 5
500 g Wasser, 30 g Milch oder Sahne, 2 gestr. TL Salz, $\frac{1}{4}$-$\frac{1}{2}$ TL gem. Ingwer, etwas Pfeffer, 1 TL Gemüsebrühe, ca. $\frac{1}{2}$ TL Paprikapulver rosenscharf	
zugeben und kochen.	15 Min. / 100° / Stufe 1
Anschließend pürieren.	15 Sek. / Stufe 8

Die Suppe schmeckt auch ohne Pürieren sehr gut. Probieren Sie beides aus.

Variante: Geben Sie 3 Wiener in Scheiben geschnitten dazu. Wird die Suppe nicht püriert, einfach die letzten 2 Min. mitkochen. Wird sie püriert, nach dem Pürieren zugeben und 2 Min. / 100° / ↶ / Stufe 1 erwärmen.

Meine Lieblingsvariante: Lauch in Streifen schneiden, in einer Pfanne scharf anbraten und dazu servieren.

Oder reichen Sie einen Klecks geschlagene Sahne oder etwas Crème fraîche dazu.

Lachs mit Tagliatelle, Brokkoli und Dillrahmsoße

*

Blitzschnell auf dem Tisch. Und sooo gut, da bleibt garantiert nichts mehr übrig!

Testen Sie an Ihrem nächsten Fischtag unbedingt dieses Gericht. Ich esse auch gerne Wildlachs dazu.

Und ohne Fisch auch mal wieder für Vegetarier bestens geeignet.

Danke an Tatjana Watermann für dieses Rezept.

1,3 l Wasser, 2 EL Gemüsebrühe in den Mixtopf geben.

500 g Brokkoli (mit Strunk gewogen) in Röschen in den Dampfgaraufsatz geben.

4-6 Lachsfilet oder Wildlachs (aufgetaut) **salzen, pfeffern,** mit **etwas getr. Dill** bestreuen und in den Einlegeboden legen.

Alles aufsetzen
und garen. 15 Min. / Dampfg. / Stufe 1

400 g grüne Tagliatelle (Bandnudeln, Kochzeit 8 - 10 Min.)
in den Mixtopf geben,
alles wieder aufsetzen
und fertiggaren. 10 Min. / Dampfg. / ↶ / Stufe 1

Aufsatz beiseite stellen. Nudeln abseihen und Garflüssigkeit auffangen.

Soße:
300 g Garflüssigkeit, **50 g Weißwein,**
100 g Sahne, 100 g Doppelrahm-Frischkäse, $\frac{3}{4}$ TL Salz,
30 g Mehl kochen. 3 Min. / 100° / Stufe 3

Die letzten 30 Sek. **ca. $\frac{1}{2}$ TL getr. Dill** zugeben.

Tipp: Weißwein kann komplett durch Garflüssigkeit ersetzt werden. Oder z.B. 100 g Weißwein, dafür nur 250 g Garflüssigkeit verwenden, je nach Geschmack.

Lachs mit Wildreis und Cambozolasoße

*

Geht superschnell und schmeckt nach mehr!

Sie befüllen den TM und bereiten zum Schluss nur noch kurz die Soße zu. Fertig, mehr ist es wirklich nicht.

Gönnen Sie sich jede Woche mindestens einmal Fisch. Und Vegetarier lassen ihn einfach wieder weg. Die Soße schmeckt auch zu Nudeln.

850 g Wasser (TM31), 1,1 l Wasser (TM5), 1 EL Gemüsebrühe in den Mixtopf geben, **250 g Wildreis** in den Gareinsatz wiegen.

500 g Rosenkohl (ungeputzt gewogen) am Strunk kreuzweise einschneiden und im Dampfgaraufsatz verteilen. (Gibt es keinen frischen Rosenkohl, verwende ich gefrorenen. Die Garzeit bleibt gleich.)

4-6 Lachsfilet oder Wildlachs (aufgetaut) **salzen, pfeffern,** mit **etwas getr. Dill** bestreuen und in den Einlegeboden legen.

Alles aufsetzen
und garen. 30 Min. / Dampfg. / Stufe 1

Aufsatz und Reis beiseite stellen.

Soße:
250 g Garflüssigkeit, **100 g Sahne,**
200 g Cambozola in Stücken,
50 g Weißwein, 15 g Speisestärke, etwas Muskat,
etwas Pfeffer zugeben
und aufkochen. 3 Min. / 100° / Stufe 4

Für noch mehr Soße: Verwenden Sie die komplette Garflüssigkeit und insgesamt 30 g Stärke.

Lachs-Nudelauflauf

*

Hier werden garantiert alle satt!

Nudeln mit Lachs und Soße: die perfekte Kombination unter einer leckeren Käsekruste.

Pasta mit Biss: Für Aufläufe gart man Nudeln am besten 2 Min. kürzer als auf der Packung angegeben, da sie sonst durch das Backen im Ofen zu weich werden können.

Verwenden Sie anstelle von Lachs Putenwürfel. Diese in einer Pfanne scharf anbraten und zusätzlich salzen. Für Vegetarier: Bereiten Sie den Auflauf ohne Fisch bzw. Fleisch zu.

500 g Barilla Penne Rigate n.73 nach Packungsanweisung kochen (siehe Tipp links).

250 g Emmentaler in Stücken
im Mixtopf zerkleinern
und umfüllen. 8 Sek. / Stufe 8

1 Zwiebel halbiert,
100 g Lauch in Stücken,
1 Knoblauchzehe
zerkleinern. 3 Sek. / Stufe 5
20 g Öl zugeben
und dünsten. 3 Min. / Dampfg. / Stufe 1
15 g Mehl, 400 g Wasser,
50 g Weißwein, 1 geh. EL
Gemüsebrühe zugeben
und erhitzen. 5 Min. / 100° / Stufe 1
350-400 g Lachsfilet
in Würfeln, **200 g Sahne,**
2 TL Salz, ¼ TL Pfeffer
unterrühren. 3 Min. / 100° / ↶ / Rührstufe

Die Nudeln abseihen und in eine gefettete Auflaufform geben. Mit der Soße vermischen, mit dem Käse bestreuen und überbacken.

Backzeit: 180°, ca. 35 Min.

Lasagne

*

Mamma mia, die schmeckt ja wie in Bella Roma!

Für eine vegetarische Lasagne bereiten Sie anstelle der Fleischfüllung eine Gemüsemischung aus Zwiebeln, Lauch, Möhren, Zucchini, Sellerie, Mais etc. zu.

Geben Sie eine dünne Schicht Soße auf den Boden der Form, so garen die Lasagneblätter gleichmäßig durch und kleben später nicht am Boden.

Beachten Sie auch die Tipps auf Seite 5.

Bechamel-Käsesoße:
400 g Gouda in Stücken
im Mixtopf zerkleinern. 8 Sek. / Stufe 10
200 g zum Bestreuen umfüllen.
750 g Milch, 50 g Butter,
50 g Mehl, 1 gestr. TL Salz,
etwas Pfeffer, ¼ TL Muskat
zugeben, erhitzen
und umfüllen. 7 Min. / 90° / Stufe 4

Hackfleischsoße:
3 Zwiebeln halbiert, **2 Knoblauchzehen** zerkleinern. 3 Sek. / Stufe 5
20 g Öl zugeben, dünsten. 3 Min. / Dampfg. / Stufe 1
500 g gem. Hackfleisch
zugeben, dünsten. 5 Min. / Dampfg. / ↶ / Rührstufe
2 D. stückige Tomaten (à 400 g),
150 g Wasser, 80 g Tomatenmark,
3 TL Salz, ½ TL Pfeffer, ¾ TL Paprikapulver edelsüß, ca. 30 große Blätter
Basilikum in Streifen geschnitten
zugeben und kochen. 5 Min. / 100° / ↶ / Rührstufe

Etwas Bechamel-Käsesoße, **Lasagneblätter ohne Vorkochen (ges. 350 g oder verwenden Sie mehr, je nach Ihrem Geschmack),** Bechamel-Käsesoße, Hackfleischsoße, Lasagneblätter... in eine gefettete Auflaufform schichten, mit Soße beenden, mit dem restlichen Käse bestreuen und backen.

Backzeit: 180°, ca. 45 Min.

Lasagne Carbonara

Die etwas andere Art, Lasagne zu genießen!

Ein Klassiker kreativ abgewandelt, einfach perfekt. Die Lasagne ist sehr würzig und schmackhaft durch Speck, Lauch und Parmesan.

Ausprobieren lohnt sich hier bestimmt.

Haben Sie keine Vase zur Hand? Sammeln Sie schöne Flaschen und stecken ein paar Blumen rein.

200 g Parmesan in Stücken
im Mixtopf zerkleinern
und umfüllen. 8 Sek. / Stufe 10

500 g Lauch (ca. 3 Stangen)
in Stücken in 2 Arbeits-
schritten zerkleinern. ca. 3 Sek. / Stufe 5 (TM31)
ca. 3 Sek. / Stufe 6 (TM5)

40 g Öl, 2 TL Salz,
¼ TL Pfeffer zu-
geben und dünsten. 6 Min. / Dampfg. / ↶ / Stufe 1

200 g rohe Schinken- oder Speckwürfel in einer Pfanne ohne Öl kross braten. **Etwas Öl** zugeben, **400 g frische Champignons** in Scheiben mitbraten. 4 EL (ca. 80 g) davon beiseite stellen. Unter den Rest den Lauch mischen.

Eiersahne:
5 Eier, 200 g Milch, 300 g Sahne,
20 g Speisestärke, etwas Pfeffer,
1 TL Salz, 1/8 TL getr. Thymian
vermischen. 10 Sek. / Stufe 3

Etwas Eiersahne (sehr flüssig) in eine gefettete Auflaufform gießen, etwas Lauchmischung darüber geben. Abwechselnd **Lasagneblätter ohne Vorkochen (ges. 200 g),** Eiersahne, Lauchmischung und Käse einschichten. Mit Lauchmischung und Eiersahne abschließen. Übrige Pilz-Speck-Mischung darauf verteilen. Mit dem restlichen Käse bestreuen und backen.

Backzeit: 180°, ca. 45 Min.

Lasagne mit Champignon-Sahnesoße

Sie ist immer sofort weg und das auch aus gutem Grund!

350 g Gouda in Stücken im Mixtopf zerkleinern und umfüllen. 8 Sek. / Stufe 10

100 g rohe Schinken- oder Speckwürfel in einer Pfanne ohne Öl kross braten.

Hackfleischsoße:

2 Zwiebeln halbiert zerkleinern. 3 Sek. / Stufe 5

Fortsetzung der Soße:
30 g Öl zugeben, dünsten. 3 Min. / Dampfg. / Stufe 1
400 g gem. Hackfleisch
zugeben und dünsten. 5 Min. / Dampfg. / ↶ / Rührstufe
500 g passierte Tomaten,
30 g Tomatenmark,
2 TL Salz, ½ TL Pfeffer,
1 TL getr. Thymian,
1 TL getr. Basilikum,
80 g Weißwein zugeben und kochen. 5 Min. / 100° / ↶ / Rührstufe

Den Speck unterrühren. Hackfleischsoße, **Lasagneblätter ohne Vorkochen (ges. 250 g)**, Käse, Hackfleischsoße, Lasagneblätter... in eine gefettete Auflaufform schichten.

Sahnesoße:
1 Zwiebel halbiert zerkleinern. 3 Sek. / Stufe 5
30 g Butter, 200 g frische Champignons in Scheiben,
zugeben und dünsten. 3 Min. / Dampfg. / ↶ / Rührstufe
200 g Sahne, 40 g Weißwein,
10 g Mehl (mit etwas Wasser verrührt),
3 EL frische Petersilie gehackt,
1 gestr. TL Salz, etwas Pfeffer
zugeben und kochen. 4 Min. / 100° / ↶ / Rührstufe

Die Soße auf der Lasagne verteilen, mit Käse bestreuen und backen.
Backzeit: 180°, ca. 45 Min.

Nudelauflauf mexikanisch

Sobald der köstliche Duft aus der Küche in Ihre Nase steigt, können Sie es kaum noch erwarten, bis der Auflauf endlich fertig ist!

Diese Menge reicht locker für 6 Personen. Ich nehme auch gerne (wie auf dem Foto) mehrere kleine Formen und backe den Auflauf in Etappen, somit können ihn alle frisch essen.

Haben Sie wenig Zeit? Bereiten Sie die Soße einen Tag vorher zu, dann nur noch die Nudeln kochen, alles untermischen und überbacken. Oder Sie essen die Soße zu Spaghetti.

350 g Barilla Piccolini Mini Farfalle nach Packungsanweisung kochen und abtropfen lassen.

250 g Gouda in Stücken
im Mixtopf zerkleinern
und umfüllen. — 8 Sek. / Stufe 8

1 rote, 1 grüne Paprikaschote, 250 g feste Tomaten, jeweils geviertelt,
zerkleinern und umfüllen. — 1 - 2 Sek. / Stufe 4 (TM31)
2 Sek. / Stufe 5 (TM5)

2 Zwiebeln halbiert
zerkleinern. — 2 - 3 Sek. / Stufe 5
30 g Öl zugeben
und dünsten. — 3 Min. / Dampfg. / Stufe 1
500 g gem. Hackfleisch mitdünsten. — 5 Min. / Dampfg. / ↶ / Stufe 1
100 g Tomatenmark,
3 TL Salz, ¼ TL Pfeffer,
1 TL Paprikapulver edelsüß,
½-1 TL Paprikapulver rosenscharf, 150 g Wasser
zugeben und erwärmen. — 2 Min. / 100° / ↶ / Stufe 1

Die Nudeln in eine gefettete Auflaufform geben. **1 D. Kidneybohnen, 1 D. Mais**, jeweils gut abgetropft, das zerkleinerte Gemüse (mit abgesetzter Flüssigkeit) und die Soße darüber verteilen, alles vermischen, mit dem Käse bestreuen und überbacken.

Backzeit: 180°, ca. 35 - 40 Min.

Nudel-Brokkoli-Auflauf

*

Fleischlos gut und leicht gemacht, diesen Auflauf müssen Sie unbedingt nachkochen!

Sie können auch mehr Brokkoli verwenden, ganz nach Ihrem Geschmack.

Gibt es keinen frischen Brokkoli, nehmen Sie gefrorenen. Die Garzeit bleibt gleich. Nach dem Garen in kleine Stücke schneiden.

Rösten Sie die Mandeln auch mal in einer Pfanne ohne Öl an.

150 g Gouda in Stücken im Mixtopf zerkleinern, umfüllen. 5 Sek. / Stufe 8

1,3 l Wasser, 2 TL Salz in den Mixtopf geben, erhitzen. ca. 8 Min. / 100° / Stufe 1
400 g Tagliatelle (Bandnudeln, mit Kochzeit 8 - 10 Min.) in den Mixtopf geben.
500 g Brokkoli (mit Strunk gewogen) in Röschen im Dampfgaraufsatz verteilen, alles aufsetzen und garen. 10 Min. / Dampfg. / ↶ / Stufe 1

Nudeln abseihen und mit dem Brokkoli in eine gefettete Auflaufform geben.

1 große Zwiebel halbiert zerkleinern. 3 Sek. / Stufe 5
50 g Butter zugeben und dünsten. 3 Min. / Dampfg. / Stufe 1
40 g Mehl, 200 g Sahne, etwas Pfeffer, 1¾ TL Salz, 550 g Wasser, 1 TL Gemüsebrühe zugeben, erwärmen. 6 Min. / 90° / Stufe 4
Den geriebenen Käse unterrühren. 3 Sek. / Stufe 3

Die Soße über die Nudel-Brokkolimischung gießen, alles vermischen, mit **2 EL Mandelblättchen** bestreuen und backen.

Backzeit: 200°, ca. 20 Min.

Nudel-Schinken-Auflauf

*

Ein Expressauflauf! Er ist total schnell gemacht und ist immer wieder eine leckere Idee, die Groß und Klein schmeckt.

Wundern Sie sich nicht: So schnell wie der Auflauf gemacht ist, so schnell ist er auch verputzt.

Nudeln könnte es bei mir jeden Tag geben, da kann ich nie genug davon haben.

Als Beilage schmecken Nudeln besonders aromatisch, wenn sie in heißer Kräuter- oder Knoblauchbutter geschwenkt werden.

350 g Barilla Maccheroni n.44 nach Packungsanweisung kochen, jedoch nur die Hälfte der Garzeit. Abtropfen lassen und in eine gefettete Auflaufform geben.

300 g Gouda in Stücken im Mixtopf zerkleinern und umfüllen. 8 Sek. / Stufe 10

200 g gek. Schinken in Stücken zerkleinern und umfüllen. knapp 1 Sek. / Stufe 4

2 Zwiebeln halbiert zerkleinern. 3 Sek. / Stufe 5
20 g Öl zugeben
und dünsten. 3 Min. / Dampfg. / Stufe 1
150 g TK-Erbsen
(sie können gefroren verarbeitet werden), **150–200 g Crème fraîche,**
200 g Milch, 200 g Sahne,
2 gestr. TL Salz, etwas Pfeffer,
10 g Tomatenmark, etwas Muskat,
½ TL Paprikapulver edelsüß,
½ TL Kräuter der Provence,
100 g vom geriebenen Käse,
den zerkleinerten Schinken
untermischen. ca. 20 Sek. / ↺ / Stufe 2

Die Soße mit den Nudeln vermischen, mit dem restlichen Käse bestreuen und backen.

Backzeit: 200° (Heißluft), ca. 25 Min.

Nudeltopf Arrabiata

*

Schneller und leckerer kann man nicht satt werden. Nudeln, dazu gleich die Soße und fertig ist ein Ruck-Zuck-Essen!

Ich verwende am liebsten Pasta von Barilla, die schmeckt super und bleibt auch „in Form". Sie können die Sorte/Marke beliebig austauschen, bitte beachten Sie jedoch dann die Kochzeit.

Essen Kinder mit, die Chilischote weglassen.

Für einen Nudeltopf verwende ich immer die gleiche Sorte, somit muss ich die Kochzeit nicht jedes Mal neu beachten.

1 Zwiebel halbiert,
1 kleine Chilischote
im Mixtopf zer-
kleinern. 3 Sek. / Stufe 5
20 g Öl zugeben
und dünsten. 3 Min. / Dampfg. / Stufe 1
800 g passierte Tomaten,
350 g Wasser, 1 TL Zucker,
1 geh. TL Paprikapulver
edelsüß, 1 EL Pizzagewürz,
1 TL Salz, 1 EL Gemüsebrühe,
1 große rote Paprikaschote
in Würfeln, **350 g Barilla Penne**
Rigate n.73 in den Mix-
topf geben, mit dem
Spatel kurz verrühren
und garen. 20 - 21 Min. / 100° / ↶ / Rührstufe
Je nach gewünschter Bissfestigkeit.

Sofort servieren.

Am besten umfüllen, denn im Mixtopf gart der Inhalt durch die Restwärme weiter.

Nudeltopf asiatisch

*

Und heute wünsche ich mir endlich mal wieder den Nudeltopf!

Den könnte ich immer essen, sehr, sehr gut und in kürzester Zeit zubereitet und genau richtig für Hungrige, die nicht lange warten können und dazu auch noch ein guter Gemüseverwerter.

Ist Ihnen im Mixtopf etwas angebrannt? Einfach einen Spülmaschinentab in den Topf geben, heißes Wasser dazu und stehen lassen, der Topf lässt sich danach mühelos reinigen.

50 g Öl, 450 g Gemüse
(z.B. Möhren in Scheiben,
bunte Paprikaschoten in Streifen,
siehe Tipp unten) in den Mix-
topf geben und dünsten. 3 Min. / Dampfg. / Stufe 1
300 g Barilla Spaghettini n.3
2 x durchbrechen, **50 g Soja-**
sauce, 1½ EL Hühner-
brühe, 1½-2 EL China-
gewürz, 900 g Wasser
zugeben und kochen. 17 Min. / 100° / ↶ / Rührstufe

In einen Topf umfüllen, denn durch die Restwärme gart das Ganze im Mixtopf noch nach; sofort servieren.

Nicht wundern, im Topf knistert es am Anfang etwas, der Messbecher kann sich leicht heben, aber alles kein Problem, es klappt schon.

Verwenden Sie eine andere Pastasorte, dann die Kochzeit und evtl. die Wassermenge anpassen.

Tipp: Wenn's noch schneller gehen soll, geben Sie das Gemüse in Stücken zu und zerkleinern es ca. 1 Sek. / Stufe 5 (...bei mir muss es immer schnell gehen).

Das Gemüse können Sie natürlich beliebig wählen. Lauch, Brokkoli oder Zucchini z.B. passen sehr gut dazu. Wer es nicht fleischlos mag: Kross gebratene Puten- oder Hähnchenwürfel dazu servieren. Auch Cashewkerne schmecken wunderbar (die letzten paar Min. zugeben).

Paella

*

Hier werden Urlaubserinnerungen wach!

Am besten schmeckt's, wenn alles gut vermischt ist, jedoch mag ich die „Tierchen" dazu nicht, deshalb wird es bei uns getrennt serviert. Das Fleisch und den Fisch brate ich meistens in der Pfanne. Vegetarier lassen einfach beides wieder weg.

Verwenden Sie übrig gebliebene Garflüssigkeit zum Aufwärmen vom Reis.

Und dazu gibt's leckeren Rotwein, geliefert direkt aus Spanien (www.franciscodelafuente.com).

3 Zwiebeln halbiert,
2 Knoblauchzehen
im Mixtopf zerkleinern. 3 Sek. / Stufe 5
20 g Olivenöl zugeben
und dünsten. 3 Min. / Dampfg. / Stufe 1
1 l Wasser, 1 EL Gemüsebrühe,
evtl. ½ Döschen gem. Safran,
1 geh. TL Kurkuma zugeben,
300 g Reis in den Gareinsatz wiegen.

300 g Hähnchenfilet, **200 g Seelachs** (angetaut), jeweils in Würfeln, **250 g geschälte Garnelen** (angetaut), alles **salzen** und **pfeffern** und im Einlegeboden verteilen oder zum Schluss in einer Pfanne mit Öl braten, siehe hierzu den Tipp unten.

Alles aufsetzen, garen. 15 Min. / Dampfg. / Stufe 1

150 g Karotten in Scheiben, **1 große rote Paprikaschote** in Würfeln, **150 g TK-Erbsen** (sie können gefroren verarbeitet werden), **200 g Cocktailtomaten** geviertelt, **2 Knoblauchzehen** in Scheiben in den Dampfgaraufsatz geben und fertiggaren.

15 Min. / Dampfg. / Stufe 1

Den Reis in eine große Schüssel geben, mit ca. 100 g Garflüssigkeit, **2 TL Salz** vermischen und den Inhalt des Aufsatzes vorsichtig untermischen.

Tipp: Braten Sie das Fleisch in der Pfanne, trotzdem den leeren Aufsatz von Anfang an aufsetzen, damit der Reis nicht überkocht.

Paprikaschnitzel mit Reis

*

Ein besonders leckeres Gericht!

Reichen Sie dazu geriebenen Parmesan. Bleibt noch Soße übrig, kochen Sie Nudeln dazu.

Das restliche Gemüse vermische ich meistens gleich mit der Soße, vor allem für diejenigen, die es sonst nicht essen würden.

Stellen Sie die letzten 5 - 10 Min. eine hitzebeständige Schüssel auf den Aufsatz, so ist sie z.B. für den Reis gleich vorgewärmt.

Mischen Sie Reis mit Wildreis.

1 Zwiebel halbiert,
1 Knoblauchzehe im
Mixtopf zerkleinern. 3 Sek. / Stufe 5
1 l Wasser, 1½ TL Salz,
¼ TL Pfeffer zugeben,
350 g Reis in den Gareinsatz wiegen und garen. 10 Min. / Dampfg. / Stufe 1

600 g Hähnchen- oder Putenschnitzel mit **1½ TL Salz, 1 TL Paprikapulver edelsüß** und **½ TL Pfeffer** würzen, in einer Pfanne mit **etwas Öl** kräftig anbraten (es muss nicht durchgebraten sein) und in den Einlegeboden legen (oder zum Schluss nur in der Pfanne braten, je nach Belieben).

3 rote Paprikaschoten in Würfeln, **250 g frische Champignons** in Scheiben bzw. geviertelt im Dampfgaraufsatz verteilen.

Alles aufsetzen und
weitergaren. 20 Min. / Dampfg. / Stufe 1

Aufsatz und Reis beiseite stellen.

Soße:
Garflüssigkeit, die Hälfte vom
Gemüse, **30 g Mehl, 30 g Wasser,**
200 g Schmand, 1 TL Gemüsebrühe, etwas Cayennepfeffer, ¼ TL Salz
zugeben und pürieren. 8 Sek. / Stufe 5
Anschließend aufkochen. 3 Min. / 100° / Stufe 2

Paprikaschoten gefüllt

Einfach zum Schlemmen, ich liebe diesen Klassiker!

120 g Emmentaler in Stücken
im Mixtopf zerkleinern
und umfüllen. 6 Sek. / Stufe 10

Soße:
1 Zwiebel halbiert zerkleinern. 3 Sek. / Stufe 5
40 g Öl zugeben und
dünsten. 3 Min. / Dampfg. / Stufe 1
500 g passierte Tomaten,
100 g Sahne, 40 g Tomatenmark,

Fortsetzung Soße:
ca. $1\frac{1}{4}$ TL Salz, etwas Pfeffer,
$\frac{1}{2}$ TL getr. Basilikum,
$\frac{3}{4}$ TL Zucker aufkochen. 5 Min. / 100° / Stufe 1

In einen Topf umfüllen und zum Schluss (am Herd) nochmals aufwärmen.

Füllung:
1 Zwiebel halbiert
im Mixtopf zerkleinern. 3 Sek. / Stufe 5
500 g gem. Hackfleisch,
2 TL Salz, $\frac{1}{2}$ TL Pfeffer,
1 TL Paprikapulver edelsüß,
$\frac{1}{4}$ TL Paprikapulver rosenscharf, 1 Ei, 20 g Semmelbrösel, 50 g vom geriebenen
Käse vermischen. 20 Sek. / ↺ / Stufe 3

4 Paprikaschoten bunt halbiert (größere evtl. geviertelt) mit der Masse füllen, im Dampfgaraufsatz und Einlegeboden verteilen und mit dem restlichen Käse bestreuen. Ist noch Hackfleisch übrig, kleine Bällchen formen und dazulegen.

1 l Wasser, 2 TL Salz in den Mixtopf geben, **350 g Reis** in den Gareinsatz wiegen, alles aufsetzen und garen. 30 Min. / Dampfg. / Stufe 1

Tipp: Geben Sie z.B. Champignons, Mais oder etwas übrig gebliebenen Reis zur Füllung. Auch ein Stückchen Feta in der Mitte gibt dem Gericht eine feine Note.

Puten- und Kasselerwürfel mit Reis und Paprika

*

Ein echter Leckerbissen!

Variante: Fleisch und Gemüse abwechselnd auf Schaschlikstäbchen stecken. Oder nur Pute bzw. Kasseler verwenden. Vegetarier garen anstelle Fleisch nur Gemüse mit.

Ist Ihnen eine Soße zu dünn, rühren Sie etwas Mehl oder Speisestärke mit Wasser an und kochen das Ganze nochmals auf bzw. geben Sie zum Verdünnen etwas Wasser dazu.

1 Zwiebel halbiert, **1 Knoblauchzehe, 100 g Karotten** in Stücken im Mixtopf zerkleinern. 5 Sek. / Stufe 5

1½ EL Gemüsebrühe,
20 g Öl zugeben, dünsten. 5 Min. / Dampfg. / Stufe 1

1 l Wasser zugeben,
350 g Reis in den Gareinsatz wiegen.

300 g Kasseler, 300 g Putenschnitzel, jeweils in Würfeln, mit **2 TL Salz, 2 TL Paprikapulver edelsüß** und **etwas Pfeffer** würzen und in den Dampfgaraufsatz geben. **400 g Paprikaschoten bunt** in Würfeln, **1 Zwiebel** in Stücken im Einlegeboden verteilen.

Alles aufsetzen
und garen. 30 Min. / Dampfg. / Stufe 1

Aufsatz und Reis beiseite stellen.

Soße:
Garflüssigkeit, **100 g Sahne,**
40 g Ajvar scharf, ½ TL Salz,
15 g Mehl, 50 g Tomatenmark zugeben, erhitzen. 4 Min. / 90° / Stufe 3

Tipp: Diese Soße schmeckt auch prima zu Nudeln. Bereiten Sie gleich mehr davon zu und kochen am nächsten Tag nur noch die Nudeln.
Hierfür 150 g Wasser zugeben, anstelle von 15 g nehmen Sie 25 g Mehl und etwas mehr Salz; evtl. mit Ajvar nachwürzen.

Puten-Gemüse-Gulasch

*

Auch für alle, die eigentlich kein Gemüse essen. Wenn Sie es nicht verraten, merkt es niemand, dass es in der Soße versteckt ist!

Endiviensalat passt sehr gut zu diesem Gericht.

Keine Einmalhandschuhe zur Hand? Zum Vermischen von Fleisch und Gewürzen stülpe ich mir eine Brotzeittüte über die Hand, somit bleibt sie schön sauber. Meine Mama kann hier nur den Kopf schütteln, aber ich finde diese Idee echt gut.

2 Zwiebeln halbiert
im Mixtopf zerkleinern. 3 Sek. / Stufe 5
20 g Öl zugeben
und dünsten. 3 Min. / Dampfg. / Stufe 1
100 g rote Paprikaschoten,
100 g grüne Paprikaschoten,
100 g Lauch, jeweils in Stücken,
zugeben und zerkleinern. 5 Sek. / Stufe 5
1 l Wasser, 1 EL Gemüsebrühe,
¼ TL Pfeffer, 1 TL Salz zugeben,
250 g Reis in den Gareinsatz wiegen.

200 g Brokkoli in Röschen in den Dampfgaraufsatz geben.

550 g Putenschnitzel in Würfeln mit **1½ TL Salz, etwas Pfeffer, 1 TL Paprikapulver, ½ TL Cayennepfeffer** würzen und im Einlegeboden verteilen.

Alles aufsetzen, garen. 20 Min. / Dampfg. / Stufe 1

100 g Paprikaschoten bunt in Würfeln zum Brokkoli geben und fertiggaren. 10 Min. / Dampfg. / Stufe 1

Aufsatz und Reis beiseite stellen, Reis durchrühren.

Soße:
Garflüssigkeit, **30 g Tomatenmark, 80 g Sahne** zugeben
und aufkochen. 2 Min. / 100° / Stufe 4

Das Fleisch mit der Soße in einem Topf vermischen.

Putengeschnetzeltes mit Champignonsoße

*

Einfach nur spitze!

Kennen Sie das Geheimnis, wie man tolle Gerichte ohne großen Aufwand auf den Tisch bringt? Dann zeigen Sie es doch Ihrer Familie und Sie werden sehen, alle sind begeistert.

Reinigen Sie Ihre Edelstahlspüle und Wasserhähne mit einer rohen Kartoffel. Einfach darüberreiben und mit Wasser nachspülen.

550 g Putenschnitzel in Würfeln mit **50 g Sojasauce, 1 TL scharfen Senf, 1 geh. TL Paprikapulver edelsüß, ½ TL Paprikapulver rosenscharf, etwas Pfeffer, 2 TL Salz** vermischen, ca. 30 Min. ziehen lassen und im Dampfgaraufsatz verteilen. **250 g frische Champignons** in Stücken auf das Fleisch legen.

2 Zwiebeln halbiert im
Mixtopf zerkleinern. 3 Sek. / Stufe 5
30 g Öl zugeben
und dünsten. 3 Min. / Dampfg. / Stufe 2
600 g Wasser, 2 EL Gemüsebrühe zugeben,
850 g Kartoffeln (geschält gewogen) geviertelt in den Gareinsatz geben.
Alles aufsetzen
und garen. 15 Min. / Dampfg. / Stufe 1

300 g Karotten in Scheiben in den Einlegeboden geben und fertiggaren. 15 Min. / Dampfg. / Stufe 1

Aufsatz und Kartoffeln beiseite stellen.

Soße:
Garflüssigkeit, **100 g Sahnestreichkäse (Schmelzkäse), etwas Pfeffer, 30 g Mehl**
zugeben, aufkochen. 3 Min. / 100° / Stufe 3

Die Champignons und das Fleisch mit der Soße in einem Topf vermischen.

Riebelesuppe

*

Ist noch Suppe da?

Mit Zutaten, die Sie sicherlich immer zu Hause haben, ist die Suppe schnell zubereitet.

Vielen Dank an Stilla Merkl-Fuchs für diese Idee.

Bei meiner Mama gibt's die Suppe von Hand gemacht mit leckerer Hühnerbrühe. Für mich wird sie eingekocht so richtig schön dick, dass ich sie sogar mit der Gabel essen könnte; einfach nur traumhaft! Wir (in Bayern) sagen dazu: „Grieme Supp'n", also geriebene Suppe.

1,5 l Wasser, 1 geh. EL Gemüsebrühe, ¾ TL Salz in einem Topf erhitzen.

1 kleine Karotte (ca. 30 g) in Stücken im Mixtopf zerkleinern und zur Brühe geben.	3 Sek. / Stufe 6 (TM31) 3 Sek. / Stufe 7 (TM5)
100 g Hartweizengrieß mahlen.	30 Sek. / Stufe 10
150 g Mehl, 1 TL Salz, 2 Eier, ca. 25 g Wasser unterkneten.	1 Min. / Knetstufe (TM31) ca. 15 Sek. / Stufe 4 (TM5)

Evtl. noch etwas Wasser oder 1-2 TL Mehl durch die Deckelöffnung zugeben, der Teig soll ähnlich wie Kuchenstreusel aussehen.

Den Riebele-Teig in die Brühe geben und ca. 2 Min. aufkochen.

Mit **Schnittlauchröllchen** servieren.

Tipp: Anstelle von Hartweizengrieß können Sie auch nur Mehl verwenden, hierfür benötigen Sie 40-50 g Wasser. So bereite ich die Suppe meistens zu.

Risotto Birne-Cambozola

*

Sieht unscheinbar aus, schmeckt aber unwahrscheinlich gut, das ist mein Lieblingsrisotto!

Die absolut perfekte Kombination: Reis mit fruchtigen Birnen und würzigem Käse, probieren Sie es schnell aus.

Schälen Sie die Birnen mit dem Kartoffelschäler, auch Parmesan, z.B. zum Salat, kann man damit gut hobeln.
Gehackte Walnüsse schmecken auch im Joghurt vorzüglich.

10 g Walnüsse im Mixtopf hacken, umfüllen. — 2 Sek. / Stufe 6

100 g Parmesan in Stücken zerkleinern, umfüllen. — 5 Sek. / Stufe 10

1 Zwiebel halbiert zerkleinern. — 3 Sek. / Stufe 5
250 g Risottoreis,
40 g Öl zugeben und dünsten. — 3 Min. / Dampfg. / ↺ / Stufe 1

Ab jetzt ohne Messbecher garen! Den Gareinsatz können Sie als Spritzschutz auf den Deckel legen.

700 g heißes Wasser,
150 g Weißwein, ½ TL Salz,
1 EL Gemüsebrühe
zugeben und garen. — 13 Min. / 100° / ↺ / Stufe 2
200 g feste Birnen
geschält in Würfeln
zugeben und garen. — 5 Min. / 100° / ↺ / Rührstufe
150 g Cambozola in Würfeln, **¼ TL Pfeffer** zugeben, mit dem Spatel kurz verrühren und fertiggaren. — 2 Min. / 100° / ↺ / Rührstufe

60 g Parmesan, **25 g weiche Butter** mit dem Spatel unterrühren.

Sofort servieren, restlichen Parmesan und Walnüsse dazu reichen.

Rohkostsalate

*

Knackig, bunt und frisch!

Das sind meine absoluten Lieblingssalate.

Aus leckerem Gemüse bereiten Sie in kürzester Zeit die unterschiedlichsten Rohkostsalate zu.

Variieren Sie mit Zutaten, die Sie vorrätig haben bzw. die gerade Saison haben. Jede neue Kombination ist immer wieder eine schmackhafte Überraschung.

Karotten-Walnuss-Salat: ca. 2 - 3 Sek. / Stufe 5

400 g Karotten in Stücken, **70 g Walnüsse, 120 g Sahne, ½ TL Salz.**

Karottensalat „Peanuts": ca. 2 - 3 Sek. / Stufe 5

100 g Erdnüsse (geröstet und gesalzen), 350 g Karotten in Stücken, **20 g Öl, 20 g weißen Balsamicoessig, 1 TL Zucker.**

Blaukrautsalat mit Trauben: ca. 2 - 3 Sek. / Stufe 4 (TM31)
ca. 2 - 3 Sek. / Stufe 5 (TM5)

300 g Blaukraut (Rotkohl) in Stücken, **1 geh. EL Preiselbeeren, 1 Apfel** geviertelt, **¼ Zwiebel, 50 g Walnüsse, 150 g kernlose Weintrauben, 1 gestr. TL Salz, 1 TL Zucker, 20 g Öl, 20 g weißen Balsamicoessig.** Achtung: nicht zu lange zerkleinern!

Italienischer Salat: ca. 2 - 3 Sek. / Stufe 5

250 g Weißkraut, 1 Karotte, ½ Salatgurke, 1 rote Paprikaschote, 70 g Gouda, jeweils in Stücken, **1 TL Salz, etwas Pfeffer, ¼ TL Zucker, 30 g Öl, 30 g weißen Balsamicoessig.**

Kraut-Apfelsalat mit Nüssen: ca. 2 Sek. / Stufe 4

50 g Haselnüsse (vorher 1 Sek. Stufe 7 zerkleinern), **300 g Weißkraut, 100 g Äpfel,** jeweils in Stücken, **80 g Naturjoghurt (3,5 %), 10 g weißen Balsamicoessig, 20 g Öl, gut ½ TL Salz, etwas Paprikapulver edelsüß, ¼ TL Zucker.**

Salatsoßen

*

Eine kleine Vitaminbombe gefällig? Idealerweise auch noch aus dem eigenen Garten!

Reichen Sie dazu Schinkenstreifen, gebratene Putenschnitzelwürfel, gekochte Eier, Mozzarella, Feta, Emmentaler (mit Plätzchenformen ausgestochen oder gerieben), Thunfisch, Mais, Sonnenblumen-, Kürbiskerne, Walnüsse...

Oder servieren Sie zu diesen Soßen Gemüsestreifen zum Dippen (z.B. Karotten, Kohlrabi, Gurken etc., geschnitten mit einem Buntmesser).

Christines Lieblingssoße auf Vorrat (Foto Flasche):

350 g weißen Balsamicoessig, 180 g Sonnenblumenöl, 1½ TL Zucker, 300 g Wasser, 25 g Salz, 35 g scharfen Senf, ¾ TL Pfeffer im Mixtopf vermischen. 5 Sek. / Stufe 4

Die Soße in eine 1-Liter-Flasche abfüllen. Sie hält sich im Kühlschrank sehr lange und eignet sich auch gut zum Verschenken. Essen Sie gerne Salat **mit Zwiebeln?** Zwiebeln zerkleinern, mit Salatsoße übergießen, ca. ½ Std. ziehen lassen und mit dem Salat vermischen (siehe auch Tipp auf S. 5).

Sauerrahm-Sahnesoße (Foto links):

100 g Sauerrahm, 50 g Sahne, ½ TL Salz, etwas Pfeffer, 10 g weißen Balsamicoessig im Mixtopf vermischen. 5 Sek. / Stufe 3
Hervorragend zu gemischtem Salat und Putenwürfel.

Roquefortsoße (Foto rechts hinten):

50 g Roquefort (franz. Weichkäse), 10 g Weißwein, 10 g Wasser, 20 g Balsamicoessig, 20 g Öl, ½ TL Salz, etwas Pfeffer, ½ TL Paprikapulver edelsüß vermischen. 5 Sek. / Stufe 4 (TM31)
5 Sek. / Stufe 5 (TM5)

Schnittlauchsoße (Foto rechts vorne):

20 g weißen Balsamicoessig, ½ TL Salz, ½ TL Zucker, etwas Pfeffer, 50 g Sauerrahm, 30 g Naturjoghurt (3,5 %), 2 EL Schnittlauchröllchen im Mixtopf vermischen. 5 Sek. / Stufe 3

Sauerkraut mit Kasseler, Cabanossi und Kartoffelbrei

Schön deftig, genau richtig für kalte Wintertage!

1 Zwiebel halbiert,
50 g <u>geschälten</u> Apfel
im Mixtopf zerkleinern. 3 Sek. / Stufe 5
40 g Butter zugeben
und dünsten. 3 Min. / Dampfg. / Stufe 2
1 große D. Sauerkraut
abgetropft, **¾ EL Gemüsebrühe, 100 g Wasser**
mitdünsten. 6 Min. / Dampfg. / ↶ / Stufe 2

300-500 g Cabanossi in Scheiben in den Dampfgaraufsatz legen (Teller unterstellen). Die Hälfte vom vorgegarten Sauerkraut darüber verteilen, **450 g Kasseler** in Scheiben darauflegen und mit dem Rest Sauerkraut bedecken. Aufgefangene Flüssigkeit vom Teller in den Mixtopf geben.

700 g heißes Wasser,
1 EL Gemüsebrühe in den
Mixtopf geben. Alles
aufsetzen und garen. 18 Min. / Dampfg. / Stufe 1

800 g mehligkochende Kartoffeln (geschält gewogen) geviertelt in den Gareinsatz geben, alles wieder aufsetzen und fertiggaren.

25 Min. / Dampfg. / Stufe 1

Aufsatz und Kartoffeln beiseite stellen und den Mixtopf leeren.

Kartoffelbrei:
30 g Butter, 220 g Milch,
1½ TL Salz erhitzen. 1½ Min. / 100° / Stufe 1
Kartoffeln und **etwas**
Muskat unterrühren. 20 Sek. / Stufe 4

Nicht zu lange rühren, sonst wird er kleisterig!

Gibt's nur Kartoffelbrei, siehe Rezept auf S. 38/39.

Schaschliktopf mit Reis

*

Macht satt, schmeckt gut, geht schnell, also einfach perfekt!

Ein Klassiker, der bei uns immer wieder gerne gegessen wird. Das Fleisch brate ich hierfür auch manchmal in der Pfanne an.

Die Zutaten/Gewürze für die Soße bereite ich bei allen Gerichten während des Kochens schon vor und muss sie dann nur noch zugeben.

Reis muss vor dem Kochen immer gut durchnässt sein. Beachten Sie bitte den Tipp auf Seite 4.

550 g Putenschnitzel in Würfeln mit **1 TL Paprikapulver edelsüß, 1 TL Curry, 2 gestr. TL Salz, etwas Pfeffer, 2 EL Öl** vermischen und in den Dampfgaraufsatz geben. **2 große Zwiebeln** gehobelt auf dem Fleisch verteilen.

2 Karotten in Scheiben, **½ rote und gelbe Paprikaschote** in Streifen mit **¼ TL Salz** vermischen und im Einlegeboden verteilen.

1 Zwiebel halbiert,
2 Knoblauchzehen,
½ rote und gelbe Paprikaschote in Stücken,
50 g Essiggurken
im Mixtopf zerkleinern. 5 Sek. / Stufe 5
1 l Wasser, 1 EL Gemüsebrühe zugeben, **300 g Reis**
in den Gareinsatz wiegen.
Alles aufsetzen, garen. 30 Min. / Dampfg. / Stufe 1

Aufsatz und Reis beiseite stellen.

Soße:
Garflüssigkeit, **50 g Tomatenmark, 2 TL Curry, 30 g Speisestärke, 30 g Zucker, 50 g Essiggurkensaft, 100 g Wasser,**
½ TL Salz, etwas Pfeffer
zugeben und erhitzen. 4 Min. / 80° / Stufe 3

Die Soße mit dem Fleisch und Gemüse in einem Topf vermischen.

Schnitzeltopf mit Kartoffeln und Gemüse

Ich würde sagen einfach perfekt!

Bei uns gibt's auch oft nur Nudeln dazu, die ich extra in einem Topf koche. Oder servieren Sie beide Beilagen. Hierfür Kartoffeln in den Aufsatz geben und die Nudeln wieder am Herd kochen.

1 große Zwiebel halbiert
im Mixtopf zerkleinern. 3 Sek. / Stufe 5
20 g Öl zugeben, dünsten. 3 Min. / Dampfg. / Stufe 1
550 g Schweinegeschnetzeltes,
1 TL Salz, etwas Pfeffer
zugeben, dünsten. 5 Min. / Dampfg. / ↺ / Rührstufe
550 g Wasser, 1 EL Gemüse-
brühe, 1 geh. TL Paprikapulver
edelsüß, ¼ TL Pfeffer, ½ TL Muskat,
1 TL Pizzagewürz, 80 g Tomaten-
mark, 20 g Sojasauce zugeben
und garen. 5 Min. / Dampfg. / ↺ / Rührstufe

1 kg Kartoffeln (geschält gewogen) in kleinen Stücken im Dampfgaraufsatz verteilen und mit **1 TL Salz** vermischen.

Alles aufsetzen
und weitergaren. 15 Min. / Dampfg. / ↺ / Rührstufe

150 g Kohlrabi in Würfeln, **150 g Karotten** in Scheiben in den Einlegeboden geben und fertiggaren.

15 Min. / Dampfg. / ↺ / Rührstufe

Aufsatz beiseite stellen.

200 g Schmand zum
Fleisch geben und
unterrühren. 1 Min. / 100° / ↺ / Rührstufe

Variante: Lassen Sie den Schmand weg und gießen dafür zum Schluss noch etwas Wasser nach.

Schupfnudeln „Stemperl" mit Kraut

*

Ein Leckerbissen! Bei uns heißen sie Stemperl. Die besten gab's immer bei meiner Oma Mudl, jedoch mit Milch überbacken.

Wenn die Nudeln und das Kraut vorgekocht sind, können Sie beides immer wieder in kleinen Portionen braten, wenn der „schnelle Hunger" kommt.

Oder wie rechts auf dem Foto: In heißem Fett braten und Apfelkompott dazu reichen... lecker.

Das Kraut passt auch gut z.B. zu Bauernwürsten.

500 g Wasser in den Mixtopf geben. **850 g mehligkochende Kartoffeln** (geschält gewogen) in Stücken in den Gareinsatz geben und kochen. (Kochen Sie die Kartoffeln am Vortag, dann sind sie bissfester.)

30 Min. / Dampfg. / Stufe 1

Schupfnudeln „Stemperl":
Kalte Kartoffeln, **250 g Mehl,**
70 g Kartoffelmehl, 2 TL Salz,
1 Ei im Mixtopf verrühren, 15 Sek. / Stufe 4 (TM31)
mit dem Spatel mitrühren. 30 Sek. / Stufe 4 (TM5)

Nicht länger rühren! Sollte der Teig noch zu klebrig sein, etwas Kartoffelmehl mit den Händen kurz unterkneten (liegt an der Beschaffenheit der Kartoffeln). Den Teig auf bemehlter Arbeitsfläche zu Nudeln rollen und in siedendem Salzwasser gar ziehen lassen. Sie sind fertig, sobald sie an der Oberfläche schwimmen.

Sauerkraut:
1 Zwiebel halbiert, **1 kleiner Apfel**
geschält, halbiert, zerkleinern. 3 Sek. / Stufe 5
50 g rohe Schinken- oder Speckwürfel zugeben, zerkleinern. 2 Sek. / Stufe 4
60 g Butterschmalz
zugeben und dünsten. 3 Min. / Dampfg. / Stufe 1
1 D. Sauerkraut (Abtropfgewicht 770 g)
abgetropft, **100 g Weißwein, 250 g Wasser,**
1 TL Gemüsebrühe
zugeben und garen. 35 Min. / 100° / ↶ / Stufe 1

Schupfnudeln in einer Pfanne mit **etwas Butterschmalz** nach Belieben braten, Kraut zugeben und untermischen.

Schweinemedaillons mit Camembert-Schmandsoße

*

Trauuumhaft! Wieder eines meiner Top-Favoriten, probieren Sie es schnellstmöglich aus, Sie werden bestimmt genauso begeistert sein wie ich.

Bei diesem Rezept bekommt der Wundertopf eine kleine Pause, er muss nur die Soße zubereiten.

Servieren Sie auf alle Fälle Preiselbeeren dazu.

Braten Sie das Fleisch von jeder Seite nur einmal an, dann bleibt es schön saftig.

800 g Schweinefilet in Scheiben **salzen** und **etwas pfeffern** und in einer Pfanne mit **Butterschmalz** braten.

Soße:
200 g Schmand, 200 g Wasser,
125 g Camembert in Stücken,
1 TL Gemüsebrühe,
1/8 TL Salz, 15 g Mehl
im Mixtopf kochen. 8 Min. / 100° / Stufe 3

Die Soße zum Fleisch geben und kurz mitkochen.

Mit **Schnittlauchröllchen** garnieren.

Mit **Kroketten** und **Preiselbeeren** servieren.

Es passen auch Spätzle dazu.

Tipp: Bereiten Sie die Soße auch mal mit halb Camembert und halb Pfefferkäse zu.

Den Ofen heize ich für Kroketten auf 220° vor und sobald sie im Ofen sind, schalte ich auf 200° zurück.

Wenn's mal schnell gehen oder fleischlos sein soll: Kochen Sie nur die Soße und servieren dazu Ihre Lieblingsnudeln. Hierfür verwende ich nur 150 g Wasser.

Seelachs mit Senf-Curry-Soße

*

Rausgefischt und aufgetischt; ein sommerlicher Genuss, den Sie unbedingt ausprobieren müssen!

Haben Sie noch Reis übrig? Er passt hier auch gut dazu. Schneiden Sie das Gemüse mit einem Buntmesser, denn das Auge isst ja auch mit.

Für den Hunger zwischendurch: Zucchinischeiben leicht salzen und pfeffern, in sehr heißem Öl braten, zum Schluss mit geriebenem Emmentaler bestreuen, weiterbraten bis der Käse zerlaufen ist.

500 g Wasser, 2 TL Salz in den Mixtopf geben. **850 g Kartoffeln** (geschält gewogen) in Stücken in den Gareinsatz geben.

6 Seelachsfilet (aufgetaut, dann haften die Gewürze viel besser) **salzen** und **pfeffern** und in den Einlegeboden, Rest in den Dampfgaraufsatz geben.

Alles aufsetzen
und garen. 15 Min. / Dampfg. / Stufe 1

200 g Karotten in Scheiben
auf dem Fisch verteilen
und weitergaren. 10 Min. / Dampfg. / Stufe 1

200 g Zucchini in Scheiben
auf den Karotten verteilen
und fertiggaren. 5 Min. / Dampfg. / Stufe 1

Aufsatz und Kartoffeln beiseite stellen.

Soße:
Garflüssigkeit, **100 g Milch, 1 geh. TL scharfen Senf, 1 TL Curry, 2 TL Zitronensaft, ½ TL Salz, etwas Pfeffer, ½ TL Zucker, 1 TL Gemüsebrühe, 30 g Mehl** zugeben und vermischen, 10 Sek. / Stufe 4
anschließend erhitzen. 3 Min. / 100° / Stufe 2

Mit gehackter **Petersilie** servieren.

Soljanka

Löffel für Löffel ein Genuss!

Füllen Sie Soljanka für den Vorrat ganz heiß in Gläser ab und verschließen diese sofort. Einfach aufwärmen und schon haben Sie eine warme Mahlzeit auf dem Tisch.

Dieses Gericht ist auch für Gäste sehr gut geeignet, da es vorbereitet werden kann.

Die Wurst lasse ich vom Metzger in etwas dickere Scheiben schneiden, dann ist sie zu Hause ganz flott in Würfel geschnitten.

2 rote Paprikaschoten in Stücken, **100 g Essiggurken** im Mixtopf zerkleinern und <u>umfüllen</u>.	ca. 1 Sek. / Stufe 4
200 g Zwiebeln halbiert, **3 Knoblauchzehen** zerkleinern.	3 Sek. / Stufe 5
20 g Öl zugeben und dünsten.	3 Min. / Dampfg. / Stufe 1
150 g rohe Schinken- oder Speckwürfel mitdünsten.	3 Min. / Dampfg. / Stufe 1
150 g Salami, 300 g Jagdwurst, jeweils gewürfelt, die zerkleinerte Mischung, **150 g Tomatenmark, ca. 1 TL Sambal Oelek (feurige Würzpaste, z.B. von Bamboo Garden®), 1 TL Gemüsebrühe, 1 TL scharfen Senf, 450 g heißes Wasser, 50 g Gurkenwasser** zugeben und aufkochen.	30 Min. / 100° / ↺ / Rührstufe

dazu: **Baguette**

Soljanka soll eigentlich 1 Tag durchziehen, aber ich finde es auch frisch gekocht spitzenmäßig.

Spaghettiwürstchen mit Tomatensoße

*

Der Hit (nicht nur) für Kinder!

Die Spaghettiwürstchen schmecken sehr gut mit einem Klecks Tomatensoße, Basilikumstreifen und ganz viel Parmesan.

Tipp: Verfeinern Sie die Soße mit $\frac{1}{4}$-$\frac{1}{2}$ TL Zimt, das gibt einen sehr feinen Geschmack.

Zu Nudeln esse ich auch gerne die Tomatensoße von den Paprikaschoten auf S. 94.

Spaghetti-Würstchen:
Wiener in kleine Stücke schneiden und in jedes Stück **6 Spaghetti (ges. 250 g)** vorsichtig durchstechen und in Salzwasser garen. (Ich nehme 3–4 Wiener und koche die restlichen Spaghetti so dazu.)

Hier verwende ich die **Barilla Spaghettini n.3** mit nur 5 Min. Kochzeit.

Je nach Belieben **Parmesan** bzw. **Emmentaler** zum Bestreuen zerkleinern.

Tomatensoße:
2 Knoblauchzehen,
300 g Zwiebeln halbiert
im Mixtopf zerkleinern. 5 Sek. / Stufe 5
20 g Olivenöl zugeben
und dünsten. 5 Min. / Dampfg. / Stufe 1
2 Dosen stückige Tomaten
(à 400 g), 1 TL getr. Thymian,
2 TL Salz, 1 EL Gemüsebrühe,
¼ TL Pfeffer, 15 g Zucker,
40 g Balsamicoessig,
60 g Tomatenmark
zugeben und kochen. 20 Min. / 100° / Stufe 2
200 g Sahne zugeben
und fertiggaren. 10 Min. / 100° / Stufe 2

Einen Teil der kochend heißen Soße fülle ich auch gerne für den Vorrat oder zum Verschenken in Gläser ab.

Spargel mit Lachs und Sauce Hollandaise

*

Die klassische Art, Spargel zu genießen!

Und nicht nur zur Spargelzeit: Diese Soße passt auch gut zu Gemüse, vor allem zu Rosenkohl, Kohlrabi oder auch zu gegrilltem Fleisch.

Reichen Sie statt Lachs Schweinefilet-Medaillons oder Pute dazu. Das Fleisch brate ich in der Pfanne an und gebe noch Gemüse in den Aufsatz.

Bewahren Sie Zitronen im Kühlschrank auf, dann halten Sie länger.

500 g Wasser, 2 TL Salz, 1 TL Zucker in den Mixtopf geben. **850 g Kartoffeln** (geschält gewogen) in Stücken in den Gareinsatz geben.

1 kg Spargel schälen und im Dampfgaraufsatz verteilen.

4-6 Lachsfilet oder Wildlachs (aufgetaut) **salzen** und **pfeffern** und in den Einlegeboden legen.

Alles aufsetzen
und garen. 30 Min. / Dampfg. / Stufe 1

Wer **Gemüse** dazu mag, nach ca. 15 - 20 Min. Garzeit in den Aufsatz geben.

Aufsatz und Kartoffeln beiseite stellen. Mixtopf leeren (der Topf muss nicht gespült werden).

Sauce Hollandaise:
4 Eigelb, 60 g Sahne,
100 g Butter in Stücken,
½ TL Salz, ¼ TL Pfeffer,
1 EL Zitronensaft erhitzen. 6 Min. / 80° / Stufe 4

Der Zitronensaft darf in der Soße auf keinen Fall fehlen, sonst gelingt sie nicht!

Spargelauflauf italienisch

Im Team unschlagbar lecker: Spargel, Kartoffeln und Schinken. Ein echtes Muss in der Spargelzeit!

Verlängern Sie die Saison: Frieren Sie den geschälten Spargel ein. Durch das Dampfgaren schmeckt er wieder wie frisch. Er kann gefroren verarbeitet werden.

Machen Sie den Spargel-Frischetest: Sind die Schnittstellen feucht, quietschen die Stangen beim Aneinanderreiben, dann ist er frisch.

50 g Parmesan in Stücken
im Mixtopf zerkleinern
und umfüllen. 5 Sek. / Stufe 10

750 g Wasser, 2 geh. TL Salz, 1 TL Zucker in den Mixtopf geben. **850 g Kartoffeln** (geschält gewogen) in Scheiben in den Gareinsatz geben.

800 g Spargel schälen und im Dampfgaraufsatz verteilen.

Alles aufsetzen
und garen. 30 Min. / Dampfg. / Stufe 1

Garflüssigkeit auffangen.

Soße:
50 g Butter, 30 g Mehl,
380 g Garflüssigkeit,
300 g Sahne, etwas Pfeffer,
¾ TL Zucker, etwas Muskat,
1 EL Zitronensaft erhitzen. 6 Min. / 90° / Stufe 4
3 Eigelb, den geriebenen
Käse unterrühren. 5 Sek. / Stufe 4

Kartoffeln und **4 Tomaten** in Scheiben in eine gefettete und mit **1 TL getr. Basilikum** bestreute Auflaufform geben. Tomaten leicht salzen.

2-3 Stangen Spargel in eine Scheibe **Schinken (ges. 200 g)** wickeln und darauflegen. Mit der Soße begießen und backen.

Backzeit: 180°, ca. 20 - 25 Min.

Spargel-Hähnchen-Ragout

*

Spargel: der königliche und kalorienarme Genuss!

Irgendwie ist dieses Gericht nicht so fotogen, aber wie hat mein Papa gesagt: „Ausschauen tut's gar nicht gut, aber schmecken tut's ganz gut."

Haben Sie noch Spargel in der Gefriertruhe? Gefroren in Stücke schneiden und genauso weiterverarbeiten. 1 kg Spargel mit Schale entspricht ca. 800 g geschältem Spargel.

Weißwein friere ich auch gerne in einem Behälter ein und entnehme ihn je nach Bedarf löffelweise.

1 l Wasser (TM31), 1,1 l Wasser (TM5), 2 EL Gemüsebrühe in den Mixtopf geben. **200 g Wildreis, 100 g Reis** in den Gareinsatz wiegen.

1 kg Spargel schälen, in 2-3 cm große Stücke schneiden und im Dampfgaraufsatz verteilen.

Alles aufsetzen
und garen. 20 Min. / Dampfg. / Stufe 1

700 g Hähnchenbrust in Stücken mit **2 TL Salz** und **½ TL Pfeffer** würzen und in einer Pfanne mit **etwas Öl** kräftig anbraten. In den Einlegeboden legen und weitergaren. 10 Min. / Dampfg. / Stufe 1

Varianten: Das Fleisch nicht anbraten und von Anfang an mit in den Einlegeboden legen. Oder zum Schluss nur in der Pfanne braten und mit der Soße und dem Spargel vermischen.

<u>Soße</u>:
Komplette Garflüssigkeit (TM31),
480 g Garflüssigkeit (TM5),
100 g Weißwein, 30 g Butter,
30 g Mehl (mit etwas Wasser verrührt), ½ TL Salz, etwas Pfeffer,
1 TL frische Petersilie gehackt verrühren, 5 Sek. / Stufe 4
anschließend aufkochen. 3 Min. / 100° / Stufe 1

Das Fleisch mit der Soße und dem Spargel in einem Topf vermischen.

Suflaki mit Reis und Zaziki

Auch die griechische Küche können Sie Ihren Lieben zu Hause servieren. Einfach nur klasse!

Zaziki: **60 g Salatgurke** (ohne Kerne) in Stücken im Mixtopf zerkleinern, umfüllen und gut ausdrücken. ca. 3 Sek. / Stufe 4 (TM31)
ca. 3 Sek. / Stufe 5 (TM5)

2 Knoblauchzehen zerkleinern. 2 - 3 Sek. / Stufe 10

100 g Schmand, 200 g Magerquark, 50 g Naturjoghurt (3,5 %), 1 gestr. TL Salz, etwas Pfeffer,
Gurke zugeben, vermischen. 5 Sek. / ↺ / Stufe 3

Suflaki:

800 g Schweinefilet in Scheiben mit **80 g Sonnenblumenöl, 1 EL Oregano, 2 EL Zitronensaft** (nicht mehr!) vermischen und das Fleisch über Nacht zugedeckt ziehen lassen.

Auf **Schaschlikstäbchen** stecken, leicht salzen und in einer Pfanne mit **etwas Öl** braten. (Legt man die Stäbchen vor dem Aufstecken ca. ½ Std. ins Wasser, löst sich das Fleisch besser vom Spieß.)

Reis:

1 l Wasser (TM31), 1,1 l Wasser (TM5),
2 TL Salz, ½ Zwiebel in Stücken in den Mixtopf geben, **250 g Reis** in den Gareinsatz wiegen und kochen. Den leeren Dampfgaraufsatz aufsetzen, damit der Reis nicht überkocht. 30 Min. / Dampfg. / Stufe 1

Reis und Garflüssigkeit beiseite stellen.

2 Zwiebeln halbiert, **50 g Essiggurken, 1 rote Paprikaschote** in Stücken zerkleinern. 5 Sek. / Stufe 5
20 g Öl zugeben, dünsten. 3 Min. / Dampfg. / Stufe 1
100 g Erbsen (Dose) abgetropft, Reis, **etwas Pfeffer, 1 gestr. TL Salz, 1 EL Saft von scharfen Pepperonis** zugeben, untermischen. 20 Sek. / ↶ / Stufe 3

Rühren Sie evtl. noch etwas Garflüssigkeit unter.
Pommes passen hier auch wunderbar dazu.

Tomaten-Mascarponesoße
Tomaten-Ricottasoße

*

Zwei spitzenmäßige Soßen, ganz fix zubereitet!

Zur Tomaten-Mascarpone-Soße gehören einfach frische Tagliatelle aus dem Kühlregal.

Verwenden Sie frische Tomaten: diese vierteln und pürieren (3 Sek. / Stufe 5), danach die weiteren Zutaten zugeben. Mir schmecken jedoch passierte Tomaten besser. Frieren Sie den Rest Mascarpone bzw. Ricotta für die nächste Soße ein. Auch die fertige Soße eignet sich zum Einfrieren.

<u>Tomaten-Mascarponesoße (Foto rechts)</u>:

2 Knoblauchzehen, 1 Zwiebel halbiert im Mixtopf zerkleinern. 3 Sek. / Stufe 5

500 g passierte Tomaten, ¾ EL Gemüsebrühe, ¾ TL Zucker, etwas Pfeffer, ¾ TL getr. Basilikum, ¾ TL Paprikapulver edelsüß zugeben und aufkochen. 8 Min. / 100° / Stufe 2

100 g Mascarpone unterrühren. 10 Sek. / Stufe 8

Variante:

100 g Garnelen (Shrimps) zugeben und erwärmen. 2 Min. / 100° / ∩ / Stufe 1

<u>Tomaten-Ricottasoße (Foto links)</u>:

30 g Mandeln im Mixtopf zerkleinern und <u>umfüllen</u>. 10 Sek. / Stufe 10

1 Zwiebel halbiert zerkleinern. 3 Sek. / Stufe 5

120 g Ricotta-Käse, 2 TL Salz, etwas Pfeffer, ¾ TL getr. Basilikum, etwas getr. Dill, 100 g Weißwein, 500 g passierte Tomaten, zerkleinerte Mandeln aufkochen. 8 Min. / 100° / Stufe 2

100 g Sahne zugeben und unterrühren. 10 Sek. / Stufe 8

Zucchinipuffer

*

Fix was Feines gezaubert!

Und von wegen nur Gemüse, die schmecken so gut, dass niemand Fleisch vermissen wird. Wobei Sie auch gut als Beilage zu Fleisch mit Soße passen.

Geben Sie geröstete Sonnenblumenkerne in den Teig. Die Kerne sind auch in Joghurt oder Salat vorzüglich. (In einer Pfanne ohne Öl rösten.)

Verwenden Sie für den Kräuterquark mageren Quark und rühren Mineralwasser unter, so wird er trotz wenig Fett schön cremig.

180 g Gouda in Stücken
im Mixtopf zerkleinern
und umfüllen. 5 Sek. / Stufe 10

850 g Zucchini (ohne Kerne)
in Stücken, **1 Zwiebel**
halbiert in 2 Arbeits-
schritten zerkleinern. 1 - 2 Sek. / Stufe 5 (TM31)
2 - 3 Sek. / Stufe 5 (TM5)

30 g weiche Butter,
3 EL frische Petersilie ge-
hackt, **2 Eier, ½ TL getr. Dill,**
200 g Semmelbrösel,
1 TL Salz, etwas Pfeffer,
50 g Mehl, den Käse zuge-
ben und vermischen,
Spatel zum Mitrühren
verwenden. ca. 25 Sek. / ↺ / Stufe 5 (TM31)
ca. 25 Sek. / ↺ / Stufe 6 (TM5)

Nochmals mit dem Spatel gut durchrühren.

Sollte der Teig zu weich sein, evtl. noch etwas Mehl bzw. Semmelbrösel zugeben (liegt an der Beschaffenheit der Zucchini).

Den Teig zu kleinen Puffern formen und von beiden Seiten in einer Pfanne mit Öl braten.

dazu: **Kräuterquark**

Rezeptverzeichnis: für Vegetarier: *

Chili con Carne	6	
Chinasuppe	8	*
Couscous-Hähnchen mit Gemüse	10	*
Curryreis mit Hähnchen	12	*
Ebly® mit Feta-Gemüse und Tomatensoße	14	*
Enchiladas / Mexico-Salat	16	
Filetspieß mit Pfeffersoße, Pommes und Bohnen	18	*
Gemüselasagne	20	*
Geschnetzeltes mit Kartoffeln in Senfsoße	22	
Gulasch	24	
Gulaschsuppe	26	
Gyrosgeschnetzeltes mit Reis in Chantrésoße	28	
Hackbällchen italienisch mit Reis und Gemüse	30	*
Hack-Fetabällchen mit Zucchini und Tomatensoße	32	*
Hackfleisch-Käse-Nester	34	
Hähnchen Hawaii	36	*
Hähnchen überbacken mit Kürbis-Kartoffelbrei	38	
Hähnchengeschnetzeltes mit Currysoße	40	*
Hähnchen-Kokos-Geschnetzeltes mit Reis	42	*
Hähnchen-Mango-Reis	44	*
Kalbsgeschnetzeltes	46	
Kartoffelauflauf mit Speck	48	*
Kartoffelbrei	38/39	*
Kartoffel-Karotten-Suppe mit Cabanossi	50	*

Rezeptverzeichnis: **für Vegetarier: ***

Kartoffelsalat	52	*
Käseschnitzel mit Tomaten-Butterspätzle	54	*
Käsespätzle	56	*
Knoblauch-Tomaten-Spaghetti	58	*
Kürbis mit Hackfleischfüllung	60	
Kürbis-Kartoffel-Topf mit Wiener	62	*
Kürbis-Soße mit Spaghetti	64	*
Kürbissuppe	66	*
Lachs mit Tagliatelle, Brokkoli und Dillrahmsoße	68	*
Lachs mit Wildreis und Cambozolasoße	70	*
Lachs-Nudelauflauf	72	*
Lasagne	74	*
Lasagne Carbonara	76	
Lasagne mit Champignon-Sahnesoße	78	
Mexico-Salat (Rezept unten)	17	*
Nudelauflauf mexikanisch	80	
Nudel-Brokkoli-Auflauf	82	*
Nudel-Schinken-Auflauf	84	*
Nudeltopf Arrabiata	86	*
Nudeltopf asiatisch	88	*
Paella	90	*
Paprikaschnitzel mit Reis	92	*
Paprikaschoten gefüllt	94	
Pfannkuchen	5	*

Rezeptverzeichnis: **für Vegetarier: ***

Puten- und Kasselerwürfel mit Reis und Paprika	96	*
Puten-Gemüse-Gulasch	98	*
Putengeschnetzeltes mit Champignonsoße	100	*
Riebelesuppe	102	*
Risotto Birne-Cambozola	104	*
Rohkostsalate	106	*
Salatsoßen	108	*
Sauerkraut (Rezept unten)	117	*
Sauerkraut m. Kasseler, Cabanossi, Kartoffelbrei	110	
Schaschliktopf mit Reis	112	*
Schnitzeltopf mit Kartoffeln und Gemüse	114	
Schupfnudeln „Stemperl" mit Kraut	116	*
Schweinemedaillons m. Camembert-Schmandsoße	118	*
Seelachs mit Senf-Curry-Soße	120	*
Soljanka	122	
Spätzle / Tomaten-Butterspätzle	57/55	*
Spaghettiwürstchen mit Tomatensoße	124	*
Spargel mit Lachs und Sauce Hollandaise	126	*
Spargelauflauf italienisch	128	
Spargel-Hähnchen-Ragout	130	*
Suflaki mit Reis und Zaziki	132	
Tomaten-Mascarponesoße / Tomaten-Ricottasoße	134	*
Tomatensoße	94/125	*
Zucchinipuffer	136	*

B. 1: Leckere Kuchen blitzschnell gezaubert

Apfel-Walnuss-kuchen

Blitzkäse-kuchen

Brownies

Cappuccino-Kuchen

Heißer Butterkuchen

Karotten-kuchen

Kartoffel-kuchen

Kirsch-Marzipan-kuchen

Mohnkuchen Martina

Nusskuchen nach Omas Art

Nuss-Nougat-kuchen

Sacher-schnitten

Studenten-futter-Kuchen

Walnuss-Schnitten

Zitronenkuchen mit Schokoguss

B. 2: Torten · Schnitten · Kuchen, die müssen Sie versuchen

Ananas-Kokostorte

Birnen-Sekt-kuchen

Erdbeer-bombe

Erdbeer-schnitten

Himbeer-Frisch-käse-Torte

Johannisbeer-Zupfkuchen

Käsekuchen

Kirsch-Bananen-Torte

Maracuja-Käsesahne

Mohn-Pudding-kuchen

Müsliriegel

Nuss-Marzipan-Zopf

Obstgarten-Torte

Schmandkuchen

Zimt-Mandarinen-schnitten

B. 3: Noch mehr... Torten · Schnitten · Kuchen

Amaretto-Kuppeltorte

Brombeer-Streuselkuchen

Eierlikör-Käsesahne

Erdbeer-Kokos-Torte

Espresso-Torte

Kiwi-Bananen-Torte

Krümeltorte

Latte-Macchiato-Torte

Quarkmäuse

Rhabarber-Baiserkuchen

Rhabarber-Donauwelle

Rumschnitten

Tiramisu-Schnitten

Zitronen-Keks-Schnitten

Zwetschgen-Mohnschnecke

B. 4: Himmlische Plätzchen wie von Engeln gebacken

Glücks-schweinchen

Hafer-plätzchen

Heilig-Abend-Gebäck

Kirschsterne

Knusperstangen

Kokoswürfel

Mandelwellen

Marzipan-Walnuss-Pralinen

Nussplätzchen ungarisch

Nuss-Stäbchen

Schokoladen-kringel

Stollen-plätzchen

Walnuss-häppchen

Zimtkugeln

Zitronen-Schokokugeln